원작　　　　이현순
각색·그림　이호국
채색　　　　구예진

본 작품은 원작 인용과 만화 창작을 혼용한
그래픽 노블 작품입니다.

CHAPTER 1
무엇을 할 것인가
VS
어떻게 살 것인가

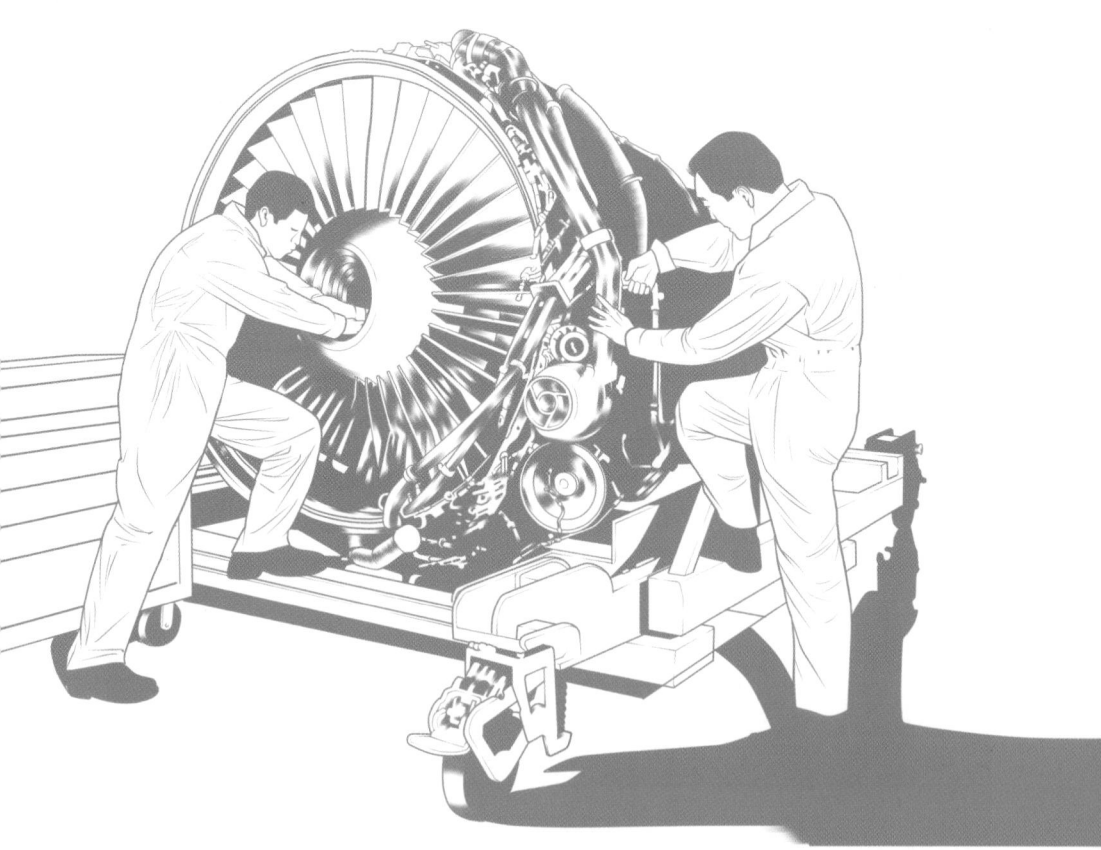

사람들은 내게 이렇게 묻기를 좋아한다.

"언제부터 엔지니어를 꿈꾸셨나요?"

내가 '한국 최초 자동차 엔진 개발자'라는 타이틀을 가지고 있어서일까. 사람들은 내게 어린 시절에 남다른 점이 있었을 거라고 기대하면서 이런 질문을 하곤 했다.

어쩌면 그들은 어릴 때부터 기계를 해부하고 조립하기를 좋아한 천재 엔지니어의 이야기를 듣고 싶은 건지도 모르겠다. 하지만 내 어린 시절은 그렇게 대단하거나 유별나지 않았다. 오히려 그때는 무언가를 꿈꾸는 것조차 사치라고 여길 만큼 척박한 시절이었다.

저는 한국전쟁이 일어난 해에 태어났죠.
그 시절 누구나 그랬듯이 전쟁으로 인한 폐허 속에서 유년기를 보냈습니다.

어렴풋하지만 다섯 살 때인가 옆집이 미군 병원이었던 것 같은데,
자동차에 호기심이 많은 저에게 미군 대위가 지프를 태워준 적이 있어요.

어린 마음에도 시동만 걸면 쌩쌩 달리는 자동차가 신기했었던 기억은 또렷하네요.

물론 매사에 반론을 위한 반론을 하거나 무턱대고 반항하는 것은 바람직하지 않다. 하지만 적어도 엔지니어에게는 자기가 맞다고 생각하는 것을 끝까지 밀어붙일 수 있는 소신이 필요하다. 엔지니어는 기존의 방식을 답습하는 사람이 아니라 새로운 것을 개발하는 사람이기 때문이다.
남의 말을 비판 없이 받아들이기보다는 무엇이든 스스로 생각하고, 집요하게 물고 늘어져 자기만의 해답을 찾아 나갈 때 엔지니어로서 실력을 키울 수 있다.

"형이 공부를 상당히 잘했기 때문에 인정받기 어려웠어요."

"그러다 보니 어린 마음에 목표는 점점 높아지고, 그것을 이루기 위해 아등바등 했었죠."

"어찌 보면 원동력이 됐었을 것도 같아요."

"부정할 수는 없겠네요."

"돌아보면 어렸을 적이라 엔지니어가 되어야겠다는 꿈을 가진 것은 아니었지만 무슨 일을 하든지 최고가 되고 싶다는 생각을 하고 있었기에 인생의 중요한 갈림길에서 후회 없는 선택을 할 수 있었던 것 같습니다."

그날 저는 방에 틀어박혀 몇 시간 동안 꼼짝도 하지 않았어요. 중학교 첫 시험 이후 처음으로 저 자신을 돌아보는 계기가 되었고 학생들 모두 능력이 고만고만하여 차이가 있다 해도 그리 크지 않다는 것을 깨닫게 되었어요.

그렇게 깨달은 이후 수업이 끝나면 바로 집에 와서 복습을 시작했었죠. 당시에는 컴퓨터나 텔레비전이 없었고, 학생 신분으로 영화관에 갈 수도 없었으니 할 수 있는 게 공부밖에 없었습니다. 그렇게 공부에 집중한 덕분에 다음 기말시험에서는 4등까지 등수를 회복할 수 있었어요.

이후 어떤 시험에서도 떨어져 본 적 없다. 고등학교 입학시험은 물론이고 대학교 입학시험, 유학까지 인생의 중요한 시험에서 늘 기대 이상의 성과를 거두었다.

지나고 나서 생각해보면 54등이라는 성적은 내 인생의 예방주사와도 같았고, 승부를 가르는 것은 아주 조그만 차이라는 것을 깨닫게 해 주었다. 그리고 그 차이는 타고난 머리보다는 꾸준한 노력으로 좌우되는 것임을 알게 되었고 그 후로는 자만하지 않고 항상 최선을 다할 수 있었다.

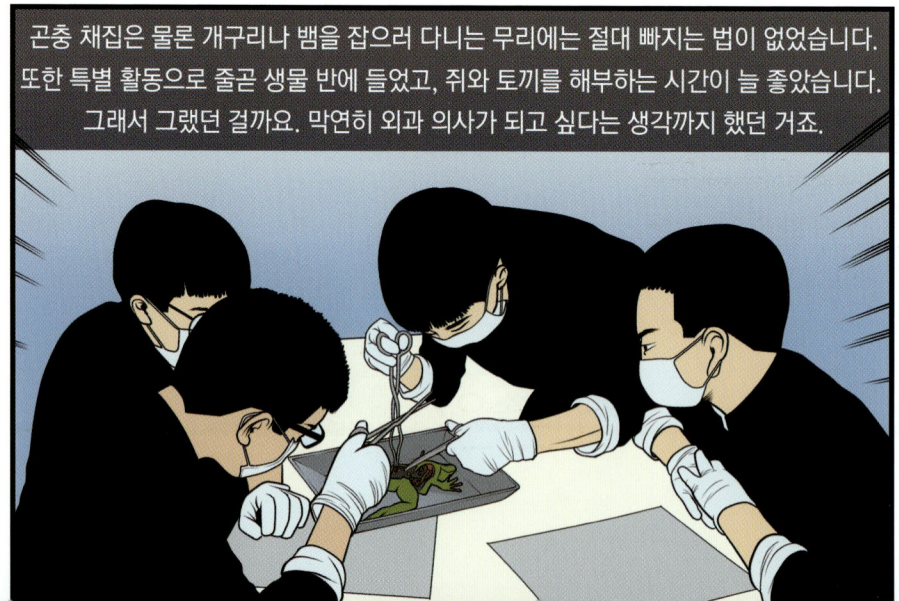

내가 이런 얘기를 하면 사람들은 의대에 가지 않은 것을 후회하지 않느냐고 묻는다. 물론 의대에 갔으면 적성을 살려 꽤 괜찮은 의사가 됐을 수도 있다고 생각한다. 하지만 공학을 전공한 것을 한 번도 후회해 본 적이 없다.
공대 수업도 내가 좋아하는 과목들로 구성돼 있었고, 적성에도 잘 맞았기 때문이다.
나는 사람이 살아가면서 반드시 이것 아니면 안 된다고 단정 지을 만큼 결정적인 순간은 그리 많지 않다고 생각한다. 인생은 순간순간의 작은 선택들이 모여서 완성되는 것이다. 의사가 되는 것이 나의 가능성 중 하나였듯이 엔지니어가 되는 것 역시 또 다른 가능성이었을 것이다.

나 또한 대학 시절에 어렵고 복잡한 문제들을 풀다 보면 이걸 공부해서 어디에 쓸 수 있을까 궁금했다. 괜한 고생만 하는 게 아닐까 하는 의구심이 들기도 했다. 하지만 막상 엔지니어가 되어 본격적으로 엔진을 연구하기 시작했을 때 가장 기본이 되는 것은, 공학도 시절에 배운 지식이라는 것을 깨달았다.

무슨 일이든지 기초를 충실히 다져놔야 나중에 정말 하고 싶은 일을 만났을 때 자신의 능력을 마음껏 펼칠 수 있는 법이다.

당시 공군사관학교 기관실험실에는 비행기 엔진 수십 대가 갖춰져 있었어요. 비행기 엔진뿐 아니라 군대에서 쓰는 트럭과 지프 엔진도 다수 보유하고 있어 어느 대학 실험실과 비교해도 결코 뒤지지 않는 시설이었습니다.

저는 그 기관실험실에서 비행기 프로펠러 엔진과 제트 엔진을 분해하고 조립하면서 4년을 보냈습니다.

동시에 엔진의 작동원리나 비행 동력학, 추진공학 등의 과목을 가르치면서 비행기 엔진에 대한 지식을 스펀지처럼 흡수해 나가고 나름 비행기 엔진 전문가라는 자부심도 갖게 되었죠.

하지만 공부를 하면 할수록 갈증이 생기는 것은 어쩔 수 없었어요. 어렵게 외국 논문을 구해 읽다 보면 우리나라 엔진 기술 수준이라는 게 아직 걸음마 단계라는 것을 인정하지 않을 수 없었죠. 최고의 실력을 쌓고 싶었던 저는 점차 우리나라가 좁게 느껴졌습니다.

엔진에 대해 더 체계적으로 배울 수는 없을까?

제가 몸담은 분야에서 최고가 되고 싶다는 꿈으로 공군사관학교를 전역하자마자 유학을 결심했습니다.

정부에서 한 해에 600명만 선정해서 유학을 보내던 시절이었죠.

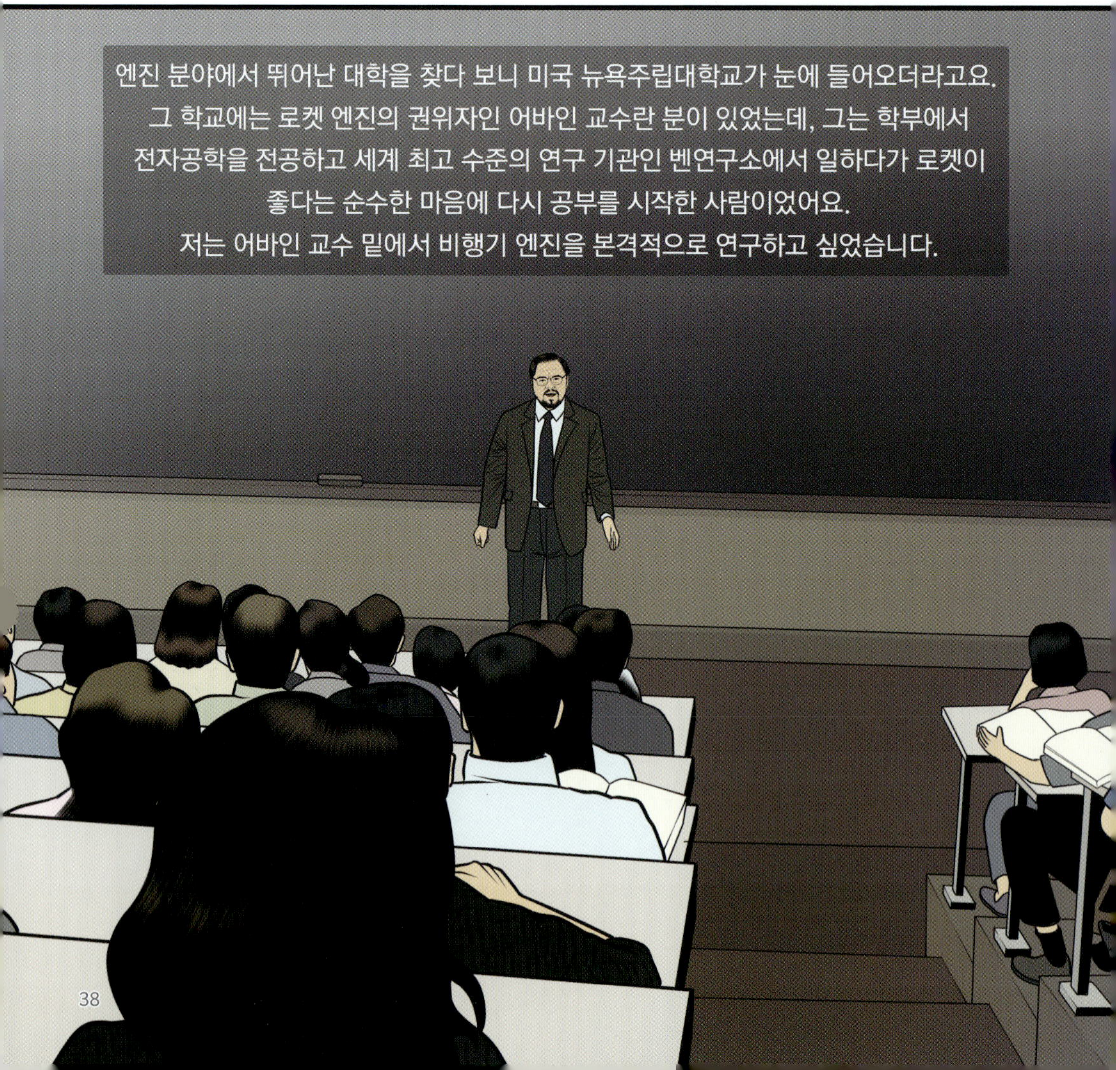

그런데 당시에는 지금처럼 유학하고 싶다고 해서 아무나 갈 수 있는 시절이 아니었어요.

엔진 분야에서 뛰어난 대학을 찾다 보니 미국 뉴욕주립대학교가 눈에 들어오더라고요. 그 학교에는 로켓 엔진의 권위자인 어바인 교수란 분이 있었는데, 그는 학부에서 전자공학을 전공하고 세계 최고 수준의 연구 기관인 벤연구소에서 일하다가 로켓이 좋다는 순수한 마음에 다시 공부를 시작한 사람이었어요.
저는 어바인 교수 밑에서 비행기 엔진을 본격적으로 연구하고 싶었습니다.

당시만 해도 우리나라에서 뉴욕주립대학교 기계공학과를 입학했다가 졸업한 사람이 한 명도 없었다. 그만큼 졸업하기가 쉽지 않은 학과 중의 하나였다. 하지만 나는 개의치 않았다.
선배가 없어 모든 것을 처음으로 시도해야 하는 입장이었지만 세계적으로 실력이 뛰어난 교수 밑에서 마음껏 연구를 할 수 있다면 다른 것은 문제가 되지 않는다고 생각했다.

나는 뉴욕주립대학교에 어렵사리 원서를 넣고 결과를 기다렸다.

CHAPTER 2
오직 마음이 시키는 길로 가라

내가 얼마나 노력했는지 잘 모르는 사람들은 내 스펙만 보고 나를 평가하곤 한다.
그들은 내가 좋은 환경과 재능을 타고났기에 성공할 수 있었다고 말한다. 하지만 그건 하나만 알고 둘은 모르는 소리이다.
시대적인 상황이나 개인적인 환경에서 내게 주어진 것은 그리 많지 않았다. 물질적으로 풍요로운 요즘 세대와 달리 우리 세대는 무엇 하나 풍족한 게 없었다.
거저 주어지는 것이 하나도 없었기에 열심히 노력해서 자기 것으로 만들어야 했다. 나는 그런 환경이 내가 성장하는 데 좋은 자양분이 됐다고 생각한다. 부족한 것을 당연하게 여기지 않고 채우려는 의지와 열정이 있었기에 끊임없이 도전할 수 있었다.

며칠 후 교수 회의가 소집되어 회의실에 들어서자 오브라이언 교수와 어바인 교수를 비롯해, 다섯 명의 기계공학과 교수님들이 앉아 계시더군요. 사정을 들어보니 제가 미국에 오기 전에 두 교수가 모두 저를 자기 학생으로 선정한 모양이더라고요.

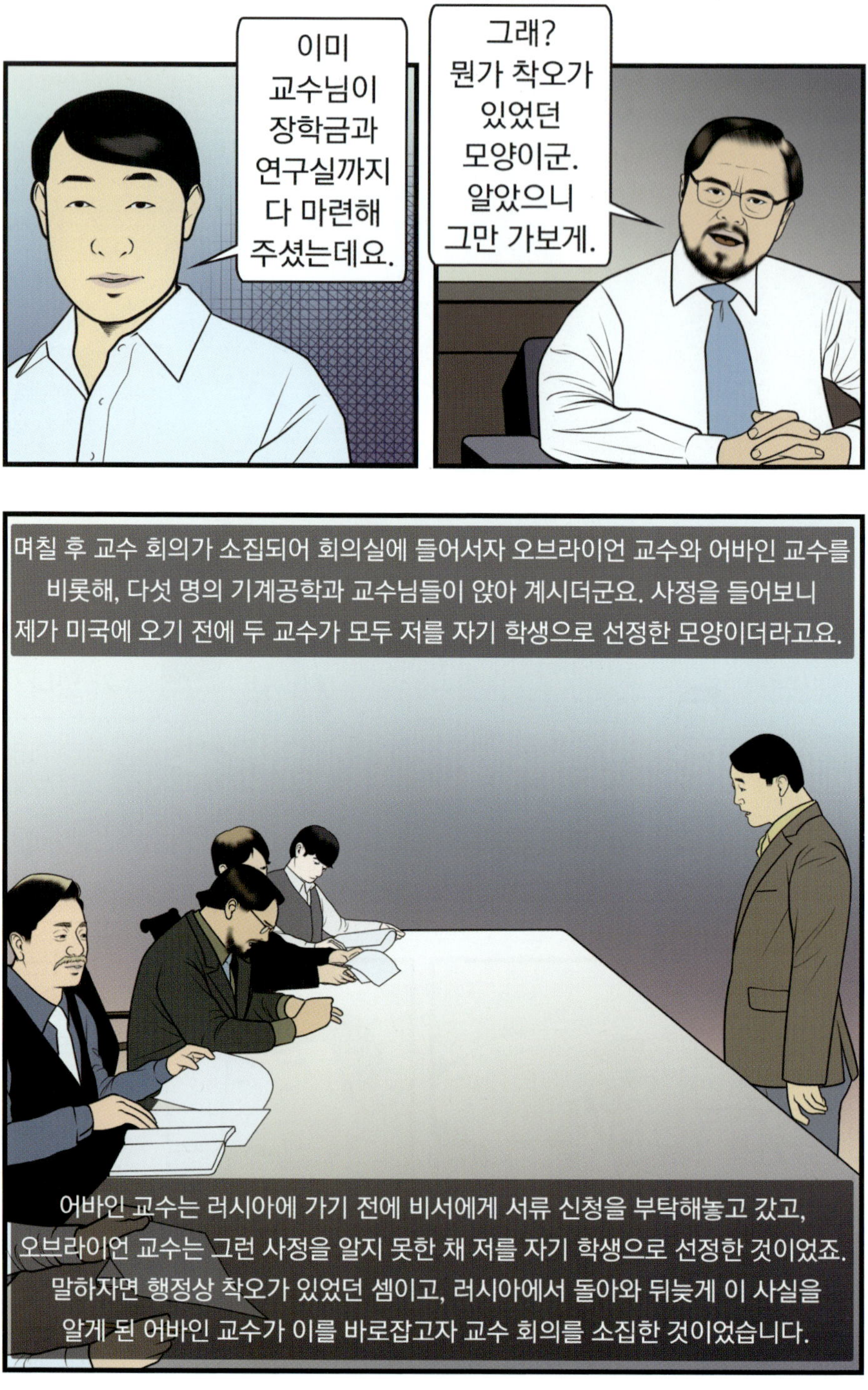

어바인 교수는 러시아에 가기 전에 비서에게 서류 신청을 부탁해놓고 갔고, 오브라이언 교수는 그런 사정을 알지 못한 채 저를 자기 학생으로 선정한 것이었죠. 말하자면 행정상 착오가 있었던 셈이고, 러시아에서 돌아와 뒤늦게 이 사실을 알게 된 어바인 교수가 이를 바로잡고자 교수 회의를 소집한 것이었습니다.

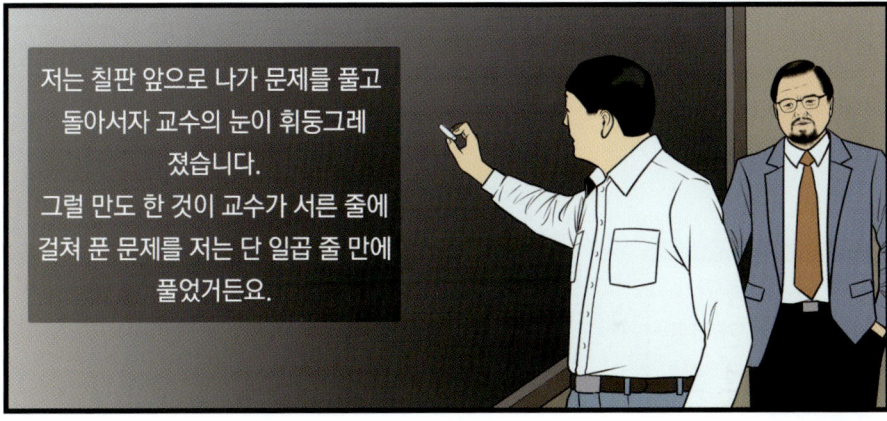

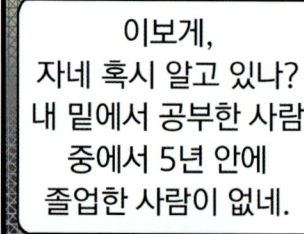

지금 세대의 젊은이 중에도 누가 시켜서 하는 일은 잘하지만 스스로 목표를 정해서 자발적으로 하는 일은 어려워하는 이들이 분명 있을 것이다.
요즘은 워낙 해야 할 일도 많고 주어진 일도 많아서 스스로 하고 싶은 것을 찾기도 전에 지치는 경우가 더 있는 것 같다. 하지만 누가 시켜서 하는 일에는 한계가 있다. 그런 일은 어려운 상황이 닥치거나 위기가 찾아오면 금세 포기해버리게 된다.
우리 뇌는 누가 시켜서 하는 일에는 스트레스를 받지만, 자발적으로 하는 일은 즐기면서 할 수 있다고 한다. 그것이 설령 어렵고 힘든 일이라고 하더라도 말이다.

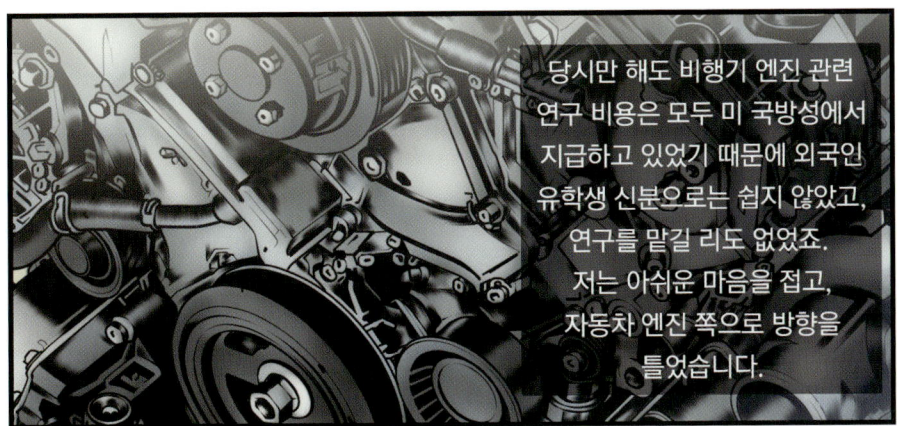

당시만 해도 비행기 엔진 관련 연구 비용은 모두 미 국방성에서 지급하고 있었기 때문에 외국인 유학생 신분으로는 쉽지 않았고, 연구를 맡길 리도 없었죠. 저는 아쉬운 마음을 접고, 자동차 엔진 쪽으로 방향을 틀었습니다.

1980년대는 미국에서 자동차산업이 한창 발전하던 시기였습니다.

미시간주 디트로이트에는 세계적인 자동차 회사들이 포진해 있었고, 저는 그중에서 GM(제너럴모터스)에 입사했습니다.

GM은 저 같은 박사 연구원만 1,200명이 넘는 세계에서 손꼽히는 자동차 회사였죠. 그러다 보니 엔진 연구에 관한 것이라면, 누구에게든 아낌없이 지원을 해줬어요. 저는 회사에서 내준 개인 연구실에서 부족한 것 없이 최신 엔진에 관한 연구를 마음껏 할 수 있었습니다.

그러던 중 1983년 여름, 한국에서 휴가를 보내고 있을 때였는데, 현대자동차에서 갑자기 저를 만나고 싶다는 연락이 왔었어요. 당시 맏형 친구 중에서 미국 자동차 회사인 포드에서 일하던 사람이 있었는데, 그분이 현대자동차에서 '신엔진 개발 계획'을 맡고 있던 신현동 고문에게 저를 추천했던 모양이더라고요.

현대자동차요? 예, 알겠습니다. 그럼 그날 뵙겠습니다.

아, 이 이야기 전에 자동차 관련하여 당시의 국내 사정을 먼저 이야기해야 할 것 같군요.

현대자동차는 1976년부터 국내 최초로 자동차 고유 모델을 양산하기 시작했고, 이후 포니와 스텔라 등의 자동차를 출시해 국내 시장에서 자리 잡기 시작했었죠.

현대자동차는 그 기세를 몰아 엑셀을 미국 시장에 수출할 계획을 세우고 있었으나 현대는 자동차의 핵심이라고 할 수 있는 엔진이나 변속기 같은 주요 부품의 도면을 외국에서 사 와서 제작하고, 자동차 몸체만 자체적으로 설계해서 만들었기 때문에, 규제가 까다롭기로 유명한 미국 시장에 자동차를 수출한다는 것은 언감생심이었죠.

중공업은 나중에라도 설비를 갖춰 다시 투자할 수 있지만, 자동차산업은 지금 개발하지 않으면 뒤처져서 나중에는 따라갈 수 없다고 판단. 정주영 회장님은 기업의 사활을 걸고 자동차산업을 발전시켜야겠다는 결단을 내린 것입니다.
즉, 기술 독립을 말한 것이죠. 하지만 회사 내부에서는 반대의 목소리가 높았습니다. 엔진을 우리 힘으로 만드는 것은 무리라고 생각하는 사람들이 많았어요. 엔지니어들도 난색을 보였으니까요.

현대가 자체적으로 엔진을 개발한다는 얘기가 미쓰비시에 들어간다고 생각해보십시오.
그들은 더는 우리에게 도움을 주지 않을 것입니다. 엔진 기술도 전수해주지 않으려고 할 텐데, 그러면 당장 자동차 생산에 차질이 생길 것입니다.

이 문제를 제대로 해결할 자신이 없으면 엔진 개발은 아예 시작도 하지 말아야 합니다.

당시의 현대자동차는 일본 미쓰비시 회사에서 비싼 값을 치르고 엔진 기술을 들여오고 있었기 때문에, 현대자동차가 독자 엔진을 개발한다고 하면 가장 견제할 곳이 미쓰비시였어요. 하지만 정 회장의 의지는 확고했습니다.

나는 그때 세계적인 자동차회사에서 한 사람의 연구원으로 일생을 마치는 것보다 이제 막 시작하는 우리나라 자동차산업에 작은 힘이나마 보태는 것이 더 가치 있는 일이라고 생각했다.
엔지니어로서 나의 능력을 발휘해보고 싶다는 꿈이 한국 자동차산업이라는 시대적인 흐름과 톱니바퀴처럼 잘 맞물렸기에 더욱 크게 증폭될 수 있었다.

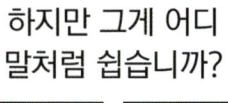

연구소 건물을 한창 짓고 있을 즈음, 저는 연구 인력을 뽑느라 동분서주하고 있었죠. 처음 입사할 당시 고작 연구원 다섯 명으로 시작한 연구소가 반년 후에는 신입사원 98명이 충원되면서 어엿한 연구소의 기틀을 다질 수 있었어요.

연구 인력을 채용할 때는 일부러 경력보다는 신입사원 위주로 뽑았는데, 엔진을 개발해 본 사람이 없거니와 개발하려고 하는 엔진이 기존의 엔진과 많이 달랐기 때문에, 어설프게 아는 경력자들보다는 아예 처음부터 배우면서 연구할 수 있는 신입사원을 뽑았죠. 그러다 보니 연구소 평균 연령이 서른한 살일 정도로 젊고 패기 있는 인재들이 모여 자유롭고 창의적인 분위기 속에서 연구가 진행됐었어요.

연구소가 차츰 활기를 띨 즈음이었나요. 엔진 개발을 시작했으니 상공부(현 산업통상자원부)에 인사를 드리러 가자는 기획실의 연락을 받고 기획실 직원들과 함께 상공부 기계공업국장을 만났습니다.

나는 더 이상 할 말이 없었다.

한 나라의 고위 공무원이라는 사람이 자동차산업에 갖고 있는 인식이 그 정도밖에 안 되던 시기였다.
물론 당시 한국 자동차 업계에서 박사 학위를 가지고 있는 사람이 없다 보니 사람들 대부분이 비슷한 생각이었을 것이다.

그런 사회 분위기 속에서 현대자동차는 독자 엔진 개발이라는 과제를 홀로 밀고 나갈 수밖에 없었다.

CHAPTER 3
기술 불모지에서 도전을 시작하다

내 어깨가 더욱 무거워졌다.

나는 회사의 기대와 견제를 동시에 받으며 엔진 개발에 몰두했다.

현대자동차의 사활이 걸린 독자 엔진 개발을 실패로 돌아가게 할 수는 없었다.

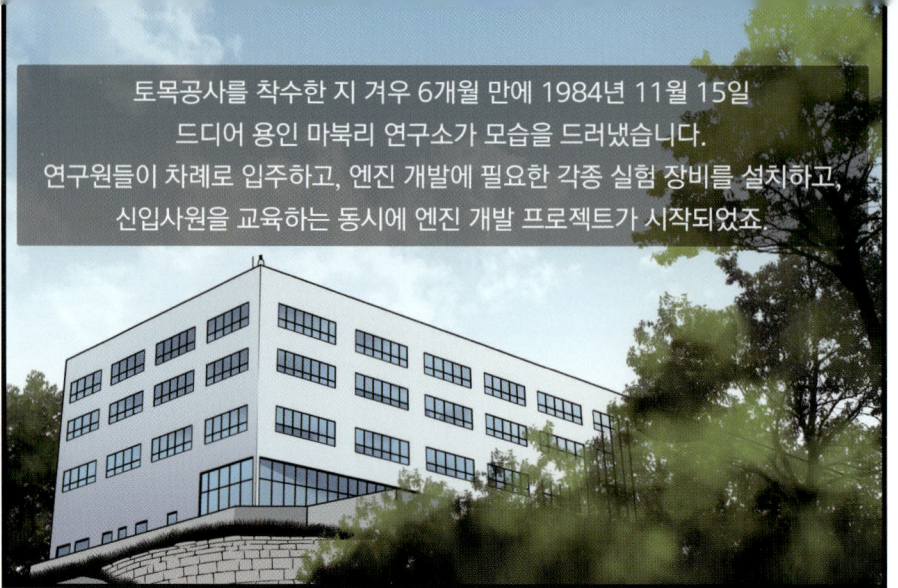

그걸 알고 있기에 저는 더더욱 포기할 수 없었고, 연구소 엔지니어들을 독려하며 흔들림 없이 제 생각을 밀고 나갔습니다. 물론 현대의 구성원 모두가 제 말에 동의한 것은 아니지만, 적어도 마북리 연구소의 엔지니어들만큼은 저를 믿고 따라와 줬습니다. 지금 생각해도 참 고마운 일이죠.

선생님께선 현대입사 후 첫날부터 가장 많이 들은 소리가 불가능이란 단어군요.

이외에 네가?, 반대, 사기꾼 등등…. 등.

후훗, 지금부터의 이야기들을 더 들어보시면….

제가 입사할 때만 해도 현대자동차는 자동차 도면을 설계할 때 제도판에 수작업으로 제도를 하고 있었어요. 세계 수준의 기술력으로 끌어올리기 위해서는 하루 빨리 새로운 방식을 도입할 필요가 있었습니다.
저는 제도사들에게 기존 방식을 버리고 이제부터는 컴퓨터로 작업하라고 지시했었죠. 그러자 제도사들이 격렬하게 반대를 했었지만 선진 기술을 따라잡으려면 시스템의 변화는 불가피했어요.

대부분의 사람들은 새로운 시도를 달가워하지 않는다.
그것이 좋은 변화라고 해도 마찬가지다. 그래서 새로운 시도를 하는 사람은 늘 기존 방식을 고수하는 사람의 반대에 부딪힐 수밖에 없다.

정주영 회장이 내민 서류는 우리가 개발하려는 엔진이 정말 개발이 가능한지, 가능하다면 미쓰비시에서도 개발할 계획이 있는지 자문한 것에 대한 답변서였다.
알파엔진 프로젝트를 미심쩍어 하던 울산연구소 책임자가 미쓰비시에 의견을 물었고, 정 회장은 그 답변서를 읽고 내가 실현 가능성도 없는 엔진을 개발하고 있다고 오해한 것이다.

후에 밝혀진 사실이지만 미쓰비시는 누구보다 알파엔진의 우수성을 잘 알고 있었다. 그래서 답변서를 보낸 그 시절에도 이미 알파엔진과 비슷한 사양의 엔진을 개발하고 있었다. 그러면서도 우리를 견제하기 위해 그런 터무니없는 답변서를 보내온 것이다.
하지만 당시에는 엔진 전문가도 아닌 정 회장에게 알파엔진의 실현 가능성에 대해 구구절절 설명할 수가 없었다.

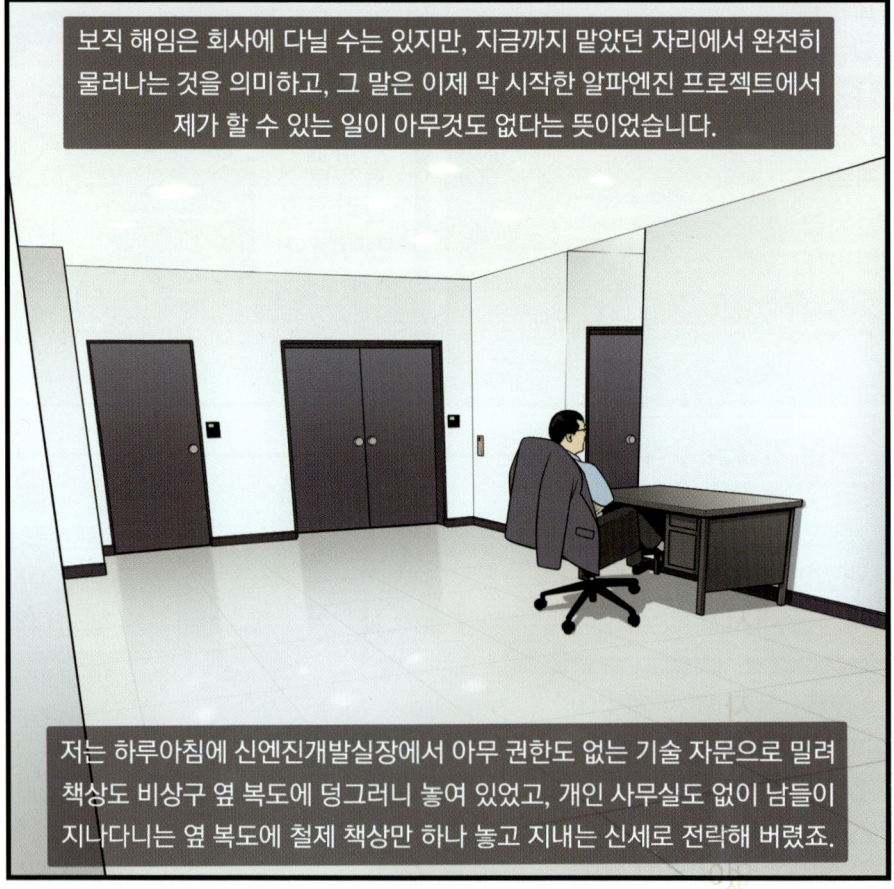

당시 현대자동차에는 미쓰비시와 아주 가까운 임원들이 여럿 있었죠.

미쓰비시 또한 현대자동차의 대주주로 막강한 영향력을 행사하고 있었고,

현대의 독자 엔진 개발을 막을 요량으로 친분 있는 임원진들에게 압력을 넣어 저를 보직 해임시킨 것이었습니다.

거기다 저를 못 미더워하던 상사는 기다렸다는 듯이 제가 진행하던 프로젝트를 모두 중단시켜버리고 알파엔진을 개발하고 있던 제 부하 직원들을 모두 미쓰비시의 오리온 엔진을 개조하는 데 투입했어요. 오리온 엔진은 미쓰비시와 현대가 공동 개발한 다음 나눠 쓰기로 이미 얘기가 돼 있어 알파엔진 프로젝트가 공중 분해될 위기에 처해 엔진 개발이 한시가 급했던 저는 속상하고 답답하기만 했습니다.

이대로 포기할까?

권한도 직책도 없이 복도 구석에 밀려나 있는 제 자신이 한없이 처량하게 느껴지기도 하고, 억울하고 분해서 당장이라도 그만두고도 싶고, 제가 일하던 연구실을 비워둔 채 기다리고 있는 GM으로 돌아가고 싶었지만, 그럴 때마다 마음을 다잡았었죠.

내가 여기서 포기하고 미국으로 돌아가면 가장 좋아할 사람들이 누구인가.

나를 사기꾼으로 몰았던 미쓰비시와 추종 세력들 아닌가. 그들이 원하는 대로 물러나는 것은 내 자존심이 허락하지 않는다.

평생 사기꾼으로 낙인찍힌 채 살아가고 싶지는 않다. 어떻게든 여기서 버틴다.

하루아침에 권한을 빼앗긴 터라 출근해도 할 일이 없어서 해외에서 발표된 논문을 구해 읽고 경쟁 회사들의 자료도 면밀히 분석하면서 언젠가 다시 엔진 개발을 할 수 있게 되면 바로 일을 시작할 수 있도록 준비했습니다.

하루가 지나고 이틀이 지나고, 저는 점점 연구소에서 투명 인간이 돼갔어요. 종일 혼자 논문을 보는 것은 그나마 견딜 수 있었지만, 점심시간은 그야말로 고역이었어요. 사내 식당에 가면 자리가 없어 줄을 서면서도 내 옆에는 아무도 앉지 않았죠. 서럽기도 하고 분하기도 하고 그럴 때마다 혼자 분을 삼키며 다짐했습니다.

현대의 기술 독립을 막으려는 미쓰비시 놈들에게 반드시 앙갚음하고야 말겠어.

어느덧 6개월이 흘러 그동안 읽은 논문 수가 자그마치 10,000편이 넘어가고 있었죠. 마침내 엔진 개발실장으로 복귀하라는 명령이 떨어지면서 거짓말처럼 상황이 바뀌었습니다.
현대전자 설립을 마무리 지은 정주영 회장이 제 얘기를 듣고 바로 조처를 한 것이었죠. 저는 복귀하자마자 바로 엔진 개발에 뛰어들었어요. 프로젝트에서 떨어져 있는 동안에도 끊임없이 논문을 읽으며 준비를 계속 해왔기 때문에 바로 시작할 수가 있었고 한시도 지체할 수가 없었습니다.

꿈을 향해 나아가다 보면 앞뒤가 꽉 막힌 터널 속에 갇힌 것 같은 시련이 찾아올 때가 있다.
언제까지 이 상황이 계속될 것 같고, 스스로의 힘으로는 도저히 그 상황을 변화시킬 수 없다고 느껴질 때는 좌절감이 더 깊어진다.
어쩌면 그 상황을 회피해버리거나 포기하는 게 그나마 나은 해결책인 것처럼 보이기도 한다.
하지만 목표가 분명한 사람은 절대 포기할 수가 없다. 그 과정을 거치지 않고서는 다음 단계로 나아갈 수 없기 때문이다. 그럴 때는 상황이 바뀔 때까지 묵묵히 견디는 수밖에 없다. 그렇다고 무턱대고 두 손 놓고 기다리라는 말은 아니다.

구보 회장은 일본에서 '엔지니어의 신'으로 대접받는 인물이었어요. 그는 제2차 세계대전 때 스물여덟의 나이로 제로 전투기 엔진을 설계해 유명해진 인물이죠. 정주영 회장과는 현대가 조선산업을 시작할 때 구보 회장이 배의 설계도를 빌려줬다는 소문이 날 만큼 막역한 사이였습니다.

파견 팀은 이번에야말로 엔진을 제대로 설계하겠다는 포부를 가지고 영국으로 향했고, 리카르도는 파견 팀에게 따로 사무실을 내줘 두 명의 현지 직원이 우리와 함께 있으면서 개념 설계(Concept Design)를 전수해주기로 했습니다.
리카르도는 초기 개념 설계와 전산 해석을 담당하고, 우리 팀은 상세 설계와 시제품 등의 개발을 통해 대량생산 설계를 하는 것으로 업무 분담을 했지만, 그들은 아시아의 작은 나라에서 온 우리에게 그리 친절하지는 않았습니다.

리카르도 담당자들과 상견례를 마친 후 막상 사무실로 와보니 한눈에 보기에도 낡은 2층짜리 오두막이었어요. 오두막 2층에 리카르도가 준비해 놓은 점심이 놓여 있었는데, 샌드위치와 비스킷이 전부로 우리 직원들이 이런 대접을 받아서는 안 된다는 생각이 들었죠. 이에 리카르도 담당자에게 강하게 항의했습니다.

"우리는 당신들과 일하기 위해 영국으로 왔습니다."

"그런데 이제 막 도착한 직원들에게 이렇게 찬 음식을 대접할 셈입니까?"

그제야 우리를 직원 식당으로 데려다줘 제대로 된 식사를 할 수 있었지만, 이후에도 그들의 태도는 바뀌지 않았어요. 그들은 우리에게 허락된 장소만 통행하도록 엄격하게 통제했고, 도면을 그리는 데 사용하는 도구도 낡고 오래된 것들만 내줬습니다.

우리는 오래된 제도판에 손에 맞지 않는 도구로 설계의 기본기를 익혀야 했었죠. 리카르도와 우리가 맺은 계약은 공동으로 엔진을 설계하는 것이었지만 리카르도 직원들은 우리에게 기술을 전수하는 데 인색했고, 엔진설계 경험이 전혀 없는 우리는 설계에 관해 하나부터 열까지 궁금한 것 투성이었죠. 궁금한 것을 물어보면 핵심 기술을 숨긴 채 그저 경험에서 우러나온 것이라고 얼버무리기 일쑤였어요.

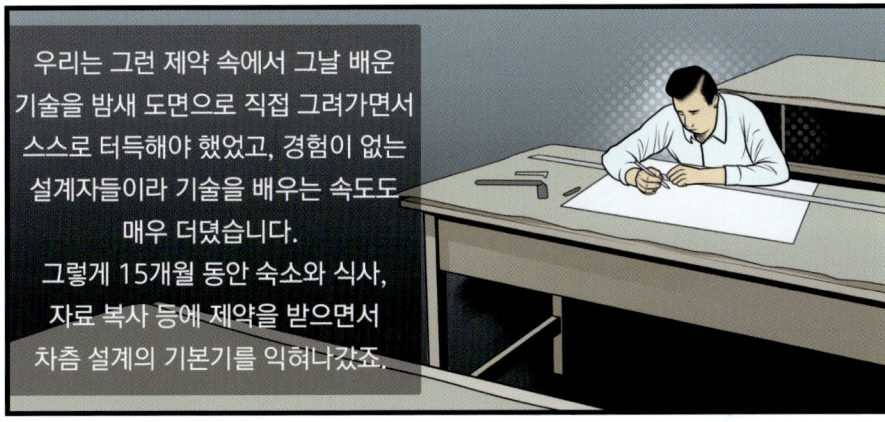

우리는 그런 제약 속에서 그날 배운 기술을 밤새 도면으로 직접 그려가면서 스스로 터득해야 했었고, 경험이 없는 설계자들이라 기술을 배우는 속도도 매우 더뎠습니다.
그렇게 15개월 동안 숙소와 식사, 자료 복사 등에 제약을 받으면서 차츰 설계의 기본기를 익혀나갔죠.

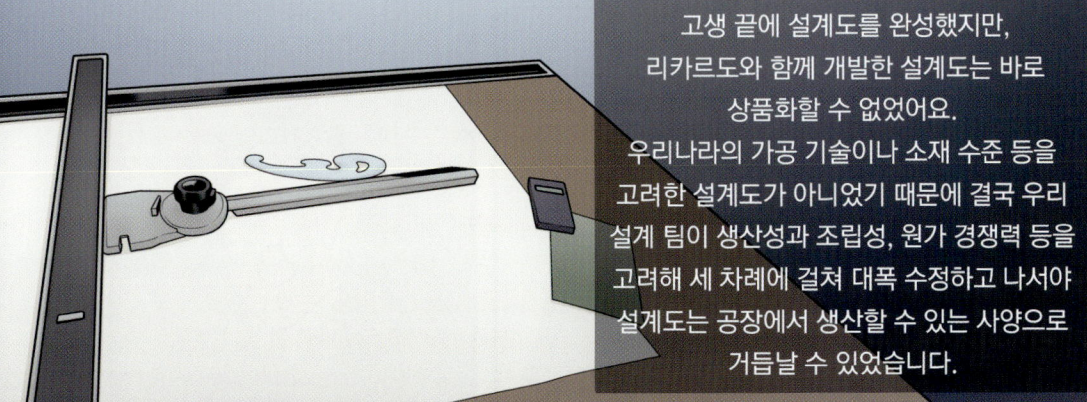

고생 끝에 설계도를 완성했지만, 리카르도와 함께 개발한 설계도는 바로 상품화할 수 없었어요.
우리나라의 가공 기술이나 소재 수준 등을 고려한 설계도가 아니었기 때문에 결국 우리 설계 팀이 생산성과 조립성, 원가 경쟁력 등을 고려해 세 차례에 걸쳐 대폭 수정하고 나서야 설계도는 공장에서 생산할 수 있는 사양으로 거듭날 수 있었습니다.

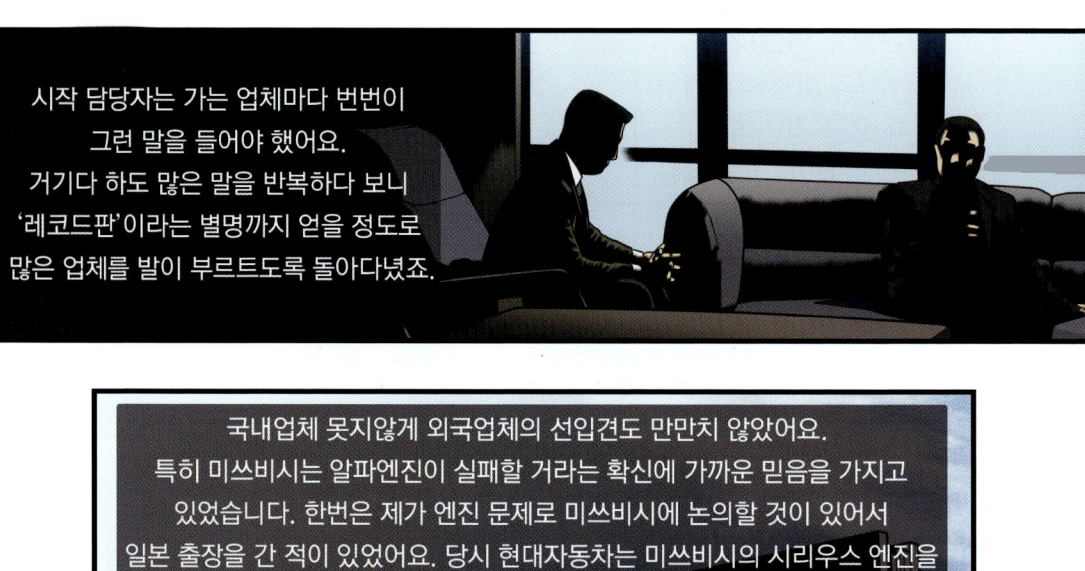

그러자 미쓰비시 연구소장의 얼굴이 한순간에 일그러졌어요. 알파엔진에 대해 훈수를 두려고 벼르고 있었는데, 시리우스 엔진 문제를 꼬집자 자존심이 상한 것이죠. 그는 자리를 박차고 나가더니 한참이 지나도 돌아오지 않아서 결국 미쓰비시의 부연구소장과 관련 내용을 논의한 후 돌아왔습니다.

흐으음...

외국의 부품업체도 마찬가지였습니다. 저는 엔진 부품 중 일부는 국내업체에서 생산하더라도 첨단 부품은 어쩔 수 없이 외국업체에서 조달하려고 했었어요. 개발 초기에는 독일의 보쉬라는 회사의 제품을 쓸 계획이었어요. 보쉬는 당시 세계에서 가장 큰 자동차 부품회사로, 뛰어난 기술력을 보유하고 있었죠. 저는 보쉬의 부품을 구입하기 위해 직접 독일로 날아가 우리가 독자적으로 엔진을 만들겠다고 하자 보쉬는 말을 믿지 않았습니다.

엔진을 만드는 건 큰 회사도 하기 어려운 일인데, 현대같이 작은 회사가 엔진을 만들겠다고요?

그렇습니다. 우리는 지금 최신 사양의 엔진을 만들기 위해 최선을 다하고 있습니다.

돈은 얼마든지 드릴 테니 부품을 보내주십시오.

나는 마음을 가다듬고 그 길로 영국에 있는 루카스를 찾아갔다. 루카스는 보쉬에 비하면 아주 조그만 회사였다. 당시 일본 혼다의 시스템을 개발하고 있었는데, 막상 방문해보니 기술력이 그다지 좋지 않았다. 그래서 다시 미국에 있는 벤딕스로 날아갔다. 벤딕스는 크라이슬러의 지프 자동차에 들어가는 부품을 개발하고 있었는데 기술력이 어느 정도 있는 것으로 판단하여 벤딕스와 부품 계약을 맺고 돌아왔다.

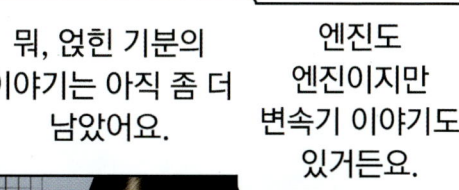

엔진만큼 중요한 자동차의 핵심 기술이 변속기입니다.
변속기는 엔진에서 만들어 내는 동력을 속도에 따라 필요한 회전력으로
바꿔주는 장치죠. 현대자동차는 엔진과 마찬가지로 변속기 기술도
미쓰비시에서 가져다 쓰고 있었습니다.

당시 자동차회사 대부분은 2축 변속기를 쓰고 있었어요.
2축 변속기는 엔진 쪽과 연결된 구동축과 바퀴로 연결되는 전달축 이렇게
두 개의 축으로 이루어져 있습니다. 그런데 미쓰비시는 특이하게
3축 변속기를 썼어요. 3축 변속기는 미쓰비시가 자체 개발한 것으로
현대자동차 역시 미쓰비시에 기술을 의존하고 있었기에
3축 변속기를 사용하고 있었죠.

우리는 독자 엔진을 개발하면서 이 부분에 관해서도 결정을 내려야 했어요.

세계적인 시장 추세에 따라 2축 변속기를 쓸 것인가?

아니면 미쓰비시의 3축 변속기를 그대로 따를 것인가?

미쓰비시의 변속기 방식을 따라간다면 당장은 더 편할 것이지만, 나중에 생산량이 늘어나면 얘기가 달라져 버리죠. 세계 자동차 시장 추세와 다른 방식을 채용한 것이기에 자칫 잘못하면 미쓰비시에 기술적으로 종속될 수도 있었고, 장기적으로 봤을 때 위험도가 큰 선택이기도 했어요.

우리는 고심 끝에 알파엔진에 걸맞은 변속기도 개발하기로 하고 알파엔진에 장착할 수동 변속기는 엔진보다 몇 개월 늦은 1984년 11월부터 개발에 들어갔습니다.
그런데 우리 힘으로 변속기를 개발하겠다는 의지는 확고했지만, 막상 시작하려니 막막한 점이 한두 가지가 아니었어요.

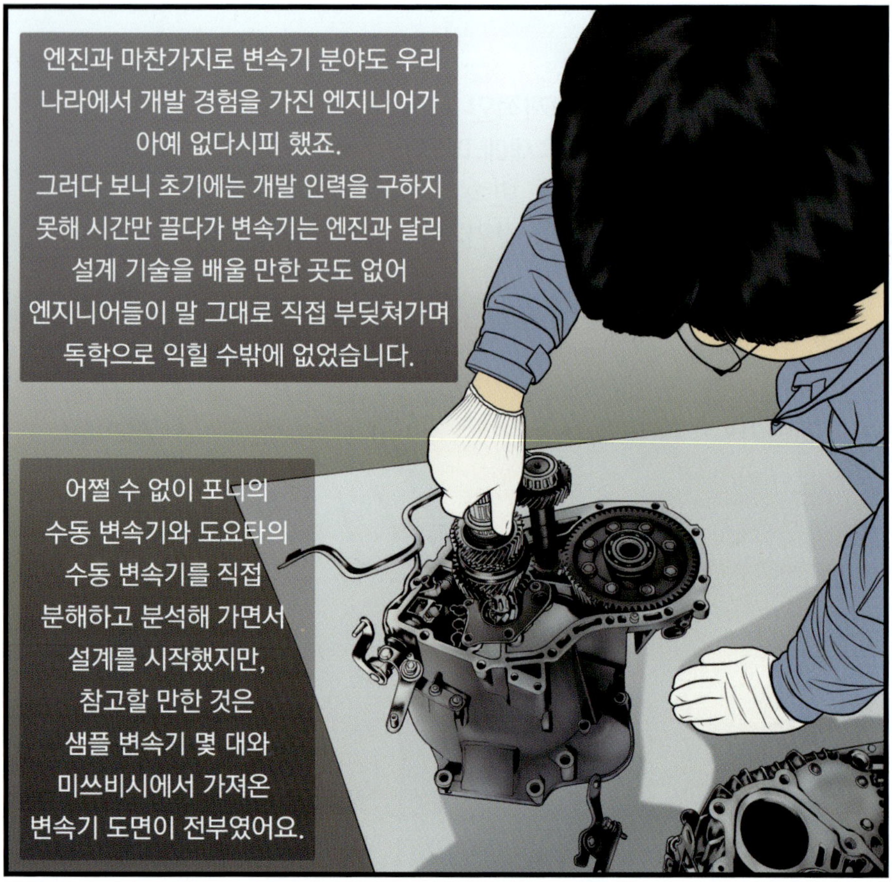

엔진과 마찬가지로 변속기 분야도 우리 나라에서 개발 경험을 가진 엔지니어가 아예 없다시피 했죠.
그러다 보니 초기에는 개발 인력을 구하지 못해 시간만 끌다가 변속기는 엔진과 달리 설계 기술을 배울 만한 곳도 없어 엔지니어들이 말 그대로 직접 부딪쳐가며 독학으로 익힐 수밖에 없었습니다.

어쩔 수 없이 포니의 수동 변속기와 도요타의 수동 변속기를 직접 분해하고 분석해 가면서 설계를 시작했지만, 참고할 만한 것은 샘플 변속기 몇 대와 미쓰비시에서 가져온 변속기 도면이 전부였어요.

하지만 알파엔진의 수동 변속기는 어찌어찌 자력으로 해결한다고 해도 자동 변속기까지 우리 힘으로 설계하는 것은, 정말이지 무리였습니다. 자동 변속기가 수동 변속기보다 실제 난이도가 높은 데다 투자비와 엔진 개발 시기를 고려했을 때 다른 회사에서 기술을 사오는 게 나을 것도 같았죠.

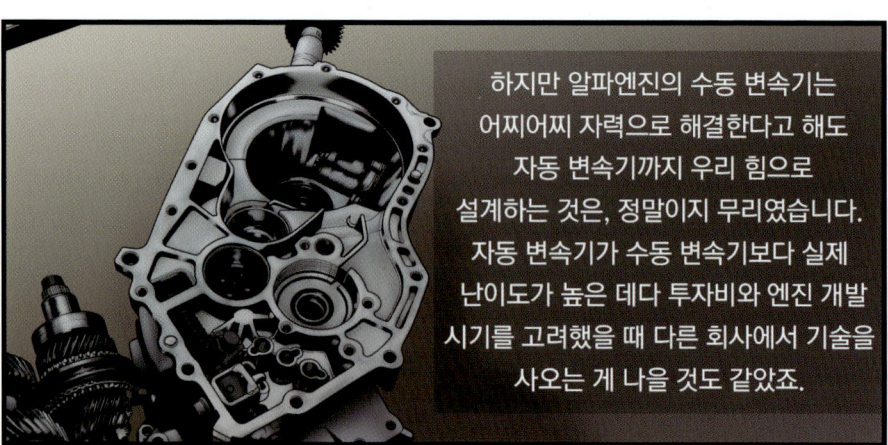

결국 자동 변속기 또한 기술 자립을 위해 우리가 직접 설계하기로 결정을 하여 미쓰비시의 자동 변속기를 2축용으로 새로 개조해서 쓰기로 했습니다. 설계도면을 그릴 때는 필요시 미쓰비시의 도움을 받기도 했는데, 미쓰비시 측에서 계약 외의 사항에 대해서는 어떤 질문도 받지 않을 만큼 철저히 보안을 지켜 애를 많이 먹었었죠.

거기다 변속기 역시 체계적인 개발 과정이 아직 정립되지 않은 상태였기에 무엇이든 먼저 시도해보고 실수를 교정하는 과정을 거쳐야 했어요. 수많은 설계를 거쳐 시작 제품을 만들고 시험 과정을 거친 다음, 시험 결과를 분석해서 다시 재설계하는 과정이 반복됐고 테스트를 위해 사용한 변속기만 2백 대에 달했습니다.

개발과정의 험난함 속에도 우리 엔지니어들은 이 모든 과정을 대부분 외부의 도움 없이 자체적으로 소화했다.

그런 과정을 거치면서 알파엔진과 변속기 개발이 차근차근 진행됐다. 다행히 변속기는 엔진보다 설계 기간이 짧아 알파엔진 프로젝트에는 차질을 빚지 않았다.

CHAPTER 4
한국 최초로 엔진을 개발하다

기술 기반 사회에서는 기술에 대한 정확한 이해 없이는 올바른 정책을 수립하기 어렵다.

따라서 국가를 이끄는 리더라면 정책을 수립하기 전에 기술에 대한 이해가 선행돼야 할 것이다. 또한 자동차산업과 같은 제조업에서는 핵심 분야의 원천기술을 선점하는 것이 무엇보다 중요하다.

핵심 기술에 대한 특허 전쟁이 빈번하게 일어나는 것도 그 때문이다.

조심스럽게 시작품 1호를 작동시켰어요.

엔진은 우려와 달리 점점 가속도가 붙으면서 힘차게 돌아갔어요. 이 모습을 지켜보던 엔지니어들은 연구실이 떠나가라 환호성을 질렀습니다.

와아 만세

원하는 성능에 도달하려면 아직도 개선해야 할 것들이 많았지만, 그때는 우리가 설계한 엔진이 실제로 돌아간다는 사실만으로도 기쁘고 신기하기만 했습니다.

시작품 1호의 첫 작동 후 1년여가 지난 1986년 8월, 알파엔진의 내구 시험이 시작됐습니다. 설계를 시작한 지 1년 반 가까이 지난 시점이었죠. 내구 시험의 핵심은 엔진이 얼마나 오래 튼튼하게 견디는지 시험하는 것으로, 성능이 뛰어난 엔진을 만들기 위해서는 다양한 방식의 내구 시험이 필요합니다. 더욱이 우리가 개발하려는 엔진은 기술적으로도 상당히 뛰어난 엔진이었고 어지간한 개발 과정과는 비교할 수 없는 반복 시험이 필요했어요.

아무래도 대량으로 생산하는 게 아닌 예술품을 깎듯이 하나하나 만들기 때문에,

한두 개도 아니고 연달아 스무 개가 넘게 깨져나갔으니 엔지니어들 모두 피가 마를 심정이었죠.

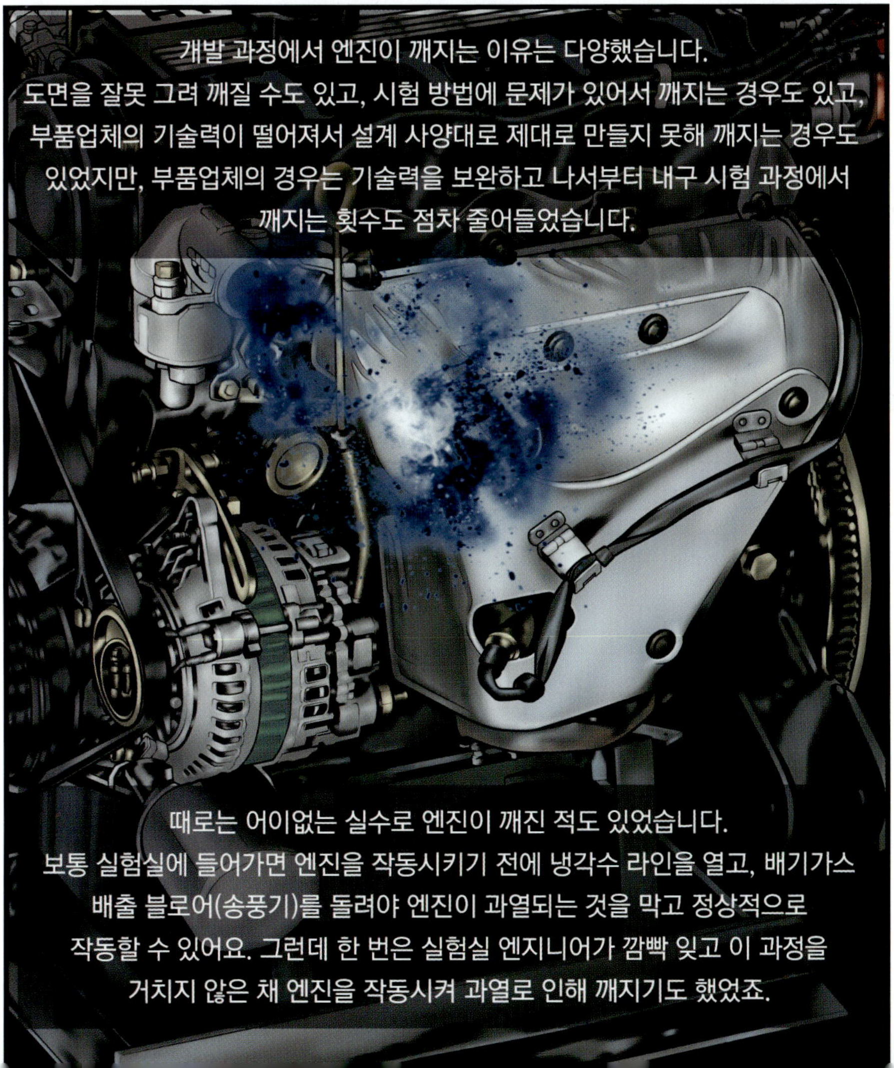

개발 과정에서 엔진이 깨지는 이유는 다양했습니다. 도면을 잘못 그려 깨질 수도 있고, 시험 방법에 문제가 있어서 깨지는 경우도 있고, 부품업체의 기술력이 떨어져서 설계 사양대로 제대로 만들지 못해 깨지는 경우도 있었지만, 부품업체의 경우는 기술력을 보완하고 나서부터 내구 시험 과정에서 깨지는 횟수도 점차 줄어들었습니다.

때로는 어이없는 실수로 엔진이 깨진 적도 있었습니다. 보통 실험실에 들어가면 엔진을 작동시키기 전에 냉각수 라인을 열고, 배기가스 배출 블로어(송풍기)를 돌려야 엔진이 과열되는 것을 막고 정상적으로 작동할 수 있어요. 그런데 한 번은 실험실 엔지니어가 깜빡 잊고 이 과정을 거치지 않은 채 엔진을 작동시켜 과열로 인해 깨지기도 했었죠.

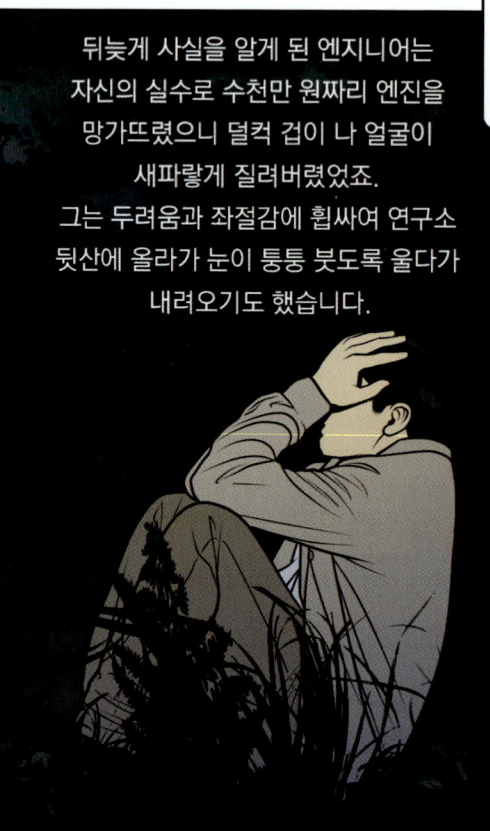

뒤늦게 사실을 알게 된 엔지니어는 자신의 실수로 수천만 원짜리 엔진을 망가뜨렸으니 덜컥 겁이 나 얼굴이 새파랗게 질려버렸었죠.
그는 두려움과 좌절감에 휩싸여 연구소 뒷산에 올라가 눈이 퉁퉁 붓도록 울다가 내려오기도 했습니다.

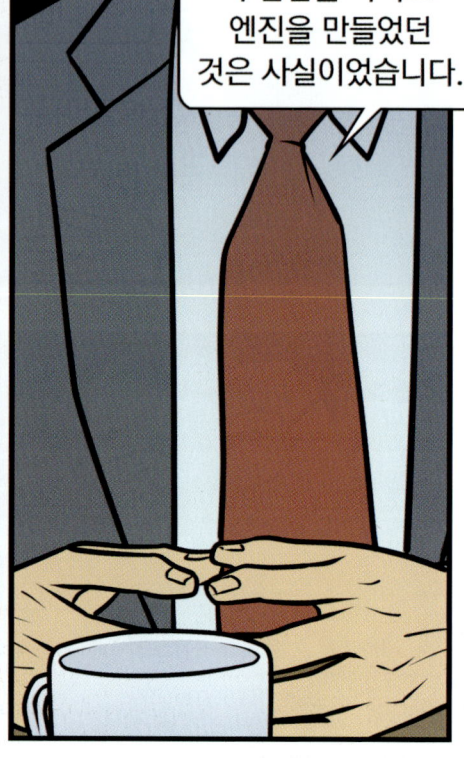

그런 일로 제가 엔지니어를 질책한 적은 한 번도 없지만, 우리 연구소 엔지니어들이 그 정도로 심적인 부담감을 가지고 엔진을 만들었던 것은 사실이었습니다.

어휴 왜 안 그러겠어요.

저도 그분의 마음이 충분히 이해 가는데요.

"그것 보십시오. 결국 안되는 거 아닙니까?"

"말도 안 되는 엔진을 개발한답시고 수백억 원의 연구비를 쏟아 부었으니 이제 누가 책임질 겁니까?"

알파엔진이 계속 깨져나간다는 소문이 돌자 엔진 개발에 반대했던 사람들의 비판과 질책도 심해졌어요.

그런 비판을 들을 때마다 연구소에는 숨 막히는 침묵이 감돌고, 알파엔진에 확신이 있던 저조차도 긴장하지 않을 수 없었죠.

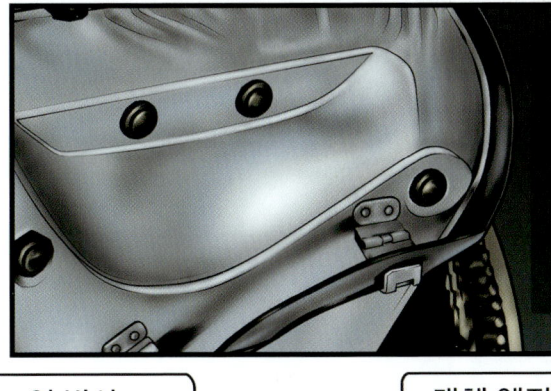

그렇게 두 달이 지나도록 엔진이 깨지는 문제는 전혀 해결될 기미가 보이지 않았어요.
그 이유조차 알 수 없으니 속이 타들어 가는 것 같았고, 급기야 정세영 사장이 저를 호출했습니다.

"이 박사, 우리가 얼마나 많은 돈을 들여 엔진을 개발하고 있는지 잘 알지 않소. 그런데 이렇게 자꾸 엔진을 깨뜨리기만 할 거요?"

"대체 엔진이 깨지는 이유가 뭐요?"

"..."

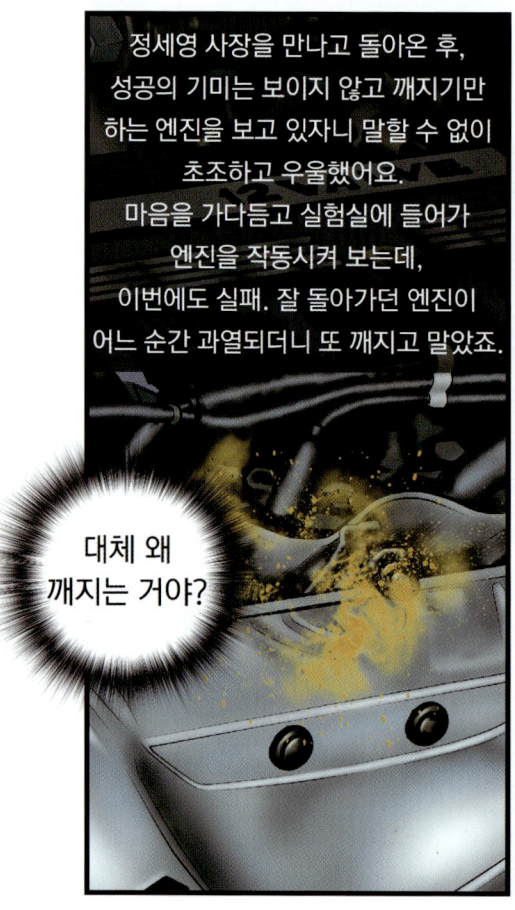

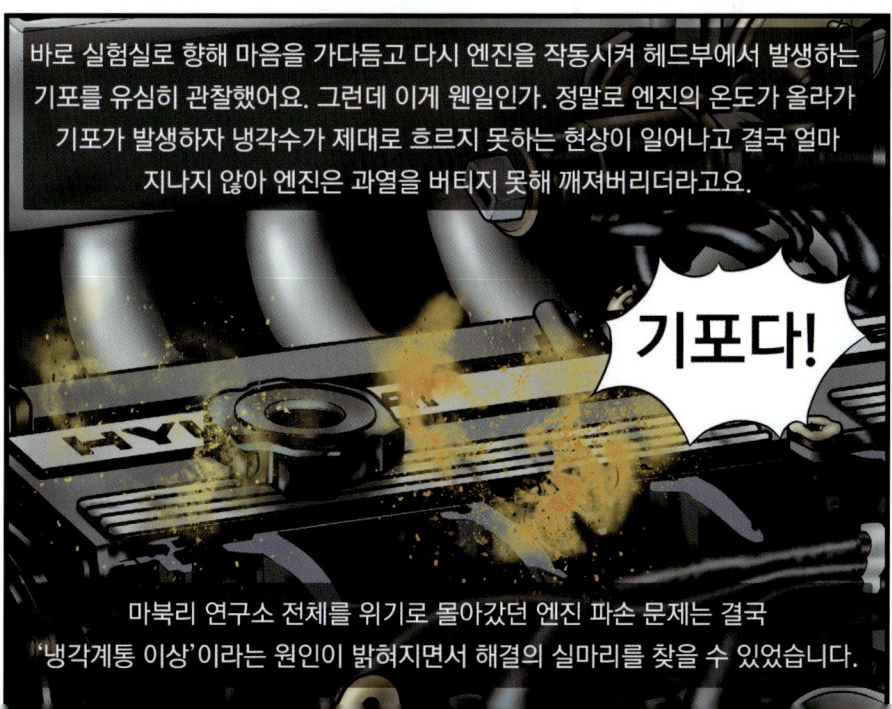

흔히 과학자들이 문제에 몰두하다 보면 꿈에서 영감을 얻기도 했다는데 나도 우연찮게 그런 경험을 하게 된 것이다.

성공한 사람들 대부분이 몰입의 힘을 잘 알고 있다. 그들은 몰입하는 과정에서 탁월한 결과물을 내놓는다. 누구든 자신을 내던져 온전히 한 가지에 집중할 때 번뜩이는 아이디어를 만날 수 있고, 생각지 못한 발견에 이를 수 있다. 그저 평소대로 하던 만큼만 노력한다면 이뤄낼 수 있는 게 별로 없다.

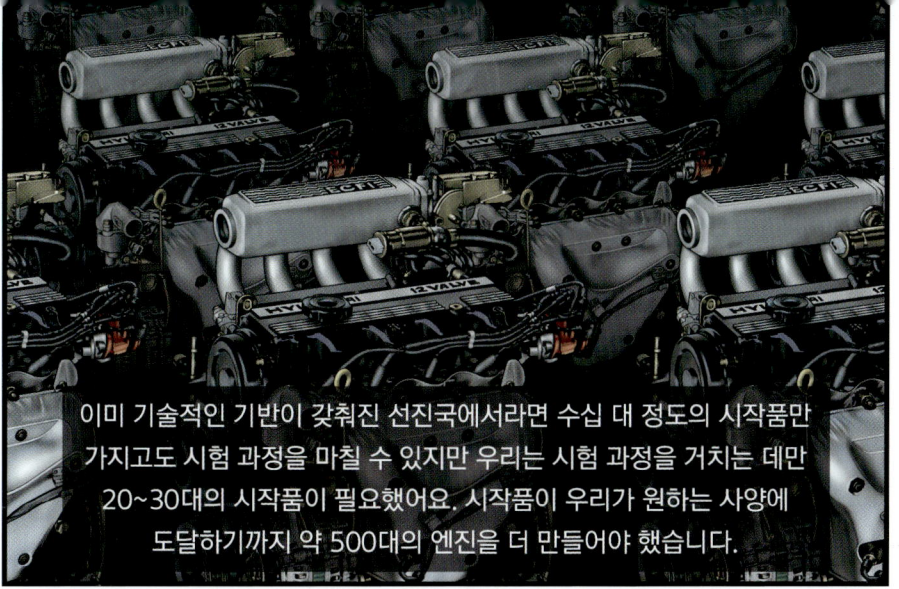

이미 기술적인 기반이 갖춰진 선진국에서라면 수십 대 정도의 시작품만 가지고도 시험 과정을 마칠 수 있지만 우리는 시험 과정을 거치는 데만 20~30대의 시작품이 필요했어요. 시작품이 우리가 원하는 사양에 도달하기까지 약 500대의 엔진을 더 만들어야 했습니다.

이렇게 시행착오를 거쳐 원하는 사양에 도달한 엔진은 마지막으로 차에 얹어 테스트하는 과정을 거치는데, 알파엔진을 시험하는 데는 자그마치 자동차 150대가 사용됐었죠.
저는 신엔진개발실의 총책임자로서 알파엔진을 장착한 차를 직접 운전해보고 엔진의 소음이나 속도 등의 세부적인 문제를 직접 점검했습니다.
극한의 조건에서도 견딜 수 있는 엔진을 개발하기 위해서는 국내뿐 아니라 외국에서의 테스트도 필수적이라 상상하기조차 힘든 더위와 추위 속에서 엔진이 버틸 수 있는지 직접 테스트하는 것도 필수요소죠.

1987년 7월에 미국 애리조나주 피닉스에서 독일 보쉬 엔지니어와 함께 알파엔진을 섭씨 45도의 고온에서 테스트했는데, 피닉스에서 고온 테스트를 할 때는 냉동 트럭이 고장 나는 바람에 연료 드럼통이 언제 폭발할지 모르는 아슬아슬한 상황을 겪기도 했습니다.

1988년 1월에는 캐나다 온타리오주 오파사티카에서 영하 30~40도의 저온 테스트를 거쳤고 1989년 7월에는 고도 1,600미터 기압 830밀리바의 미국 콜로라도주 덴버에서 고지 테스트를 실시했었습니다. 이렇게 엔진을 시험 차량에 얹어 운전한 시간을 모두 합하면 총 2만 1,000시간을 넘겼고 이 시간 동안 운행한 거리를 계산해보면, 지구를 105바퀴 돌고도 남는 거리였었죠.

1991년, 드디어 현대자동차는 1.5리터 급 알파엔진과 변속기를 개발하는 데 성공했습니다. 엔진 개발을 시작한 지 어언 6년 반 만의 일이었어요.
사람들은 저더러 성공한 엔지니어라고 하지만 실은 저도 실패를 많이 겪었죠. 알파엔진을 개발할 때는 원하는 사양에 도달할 때까지 자그마치 5백 대가 넘는 엔진을 새로 만들어야 했고, 그중에 백 대는 시험 과정에서 깨뜨렸습니다.

시행착오를 반복하지 않으면 원하는 엔진을 개발할 수 없다는 사실을 알고 있었기 때문에,

실패가 거듭될 때도 엔진 개발이라는 최종 목표를 포기한 적은 없었어요.

에디슨은 필라멘트에 적합한 재료를 찾기 위해 무려 1,600가지의 내열재와 6,000개가 넘는 식물질 섬유를 직접 실험한 것으로 유명하다.

그 과정에서 번번이 실패를 맛봤지만, 그것을 결코 실패라고 보지 않았다. 그는 필라멘트의 재료를 찾는 데 실패한 게 아니라 필라멘트의 재료가 될 수 없는 것을 발견하는 데 성공했다고 말했다.

뛰어난 엔지니어가 되고 싶다면 이처럼 웬만한 실패들은 대수롭지 않게 여길 수 있는 마음가짐이 필요하다. 한두 번의 실패에 의기소침해지고, 포기해버린다면 엔지니어로서 자격이 없다.

나는 그렇게 단언한다. 실패 앞에 주눅 들지 않아야 엔지니어로서 성공할 수 있다. 엔지니어에게 실패는 성공으로 가는 과정일 뿐이다.

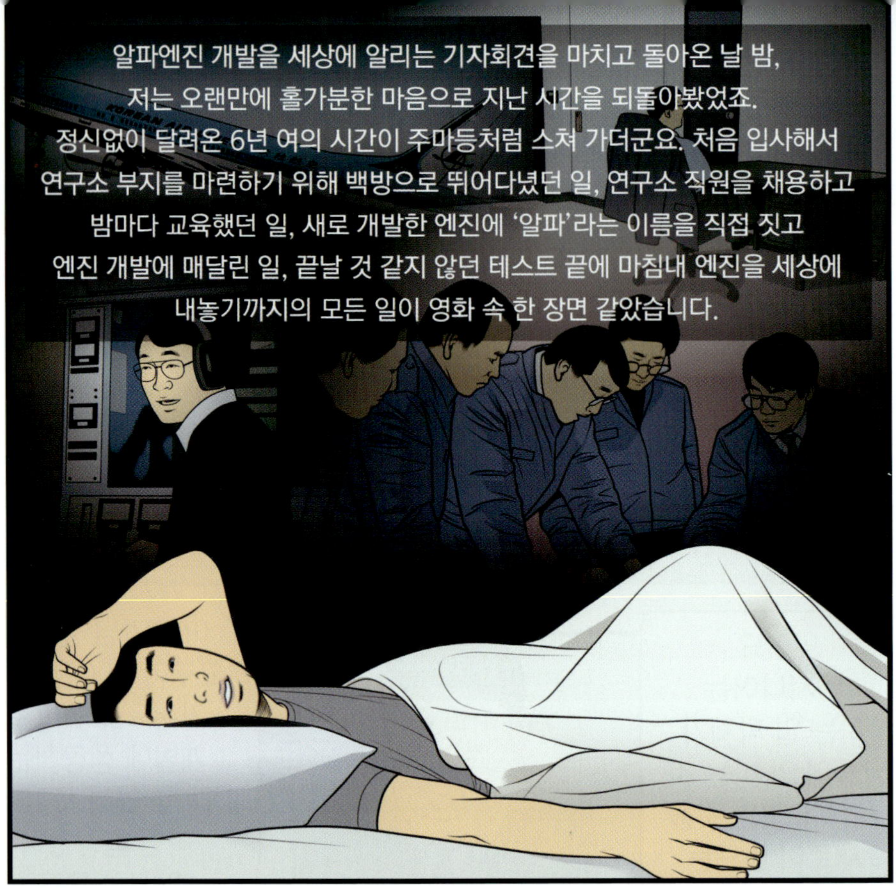

알파엔진 개발을 세상에 알리는 기자회견을 마치고 돌아온 날 밤, 저는 오랜만에 홀가분한 마음으로 지난 시간을 되돌아봤었죠. 정신없이 달려온 6년 여의 시간이 주마등처럼 스쳐 가더군요. 처음 입사해서 연구소 부지를 마련하기 위해 백방으로 뛰어다녔던 일, 연구소 직원을 채용하고 밤마다 교육했던 일, 새로 개발한 엔진에 '알파'라는 이름을 직접 짓고 엔진 개발에 매달린 일, 끝날 것 같지 않던 테스트 끝에 마침내 엔진을 세상에 내놓기까지의 모든 일이 영화 속 한 장면 같았습니다.

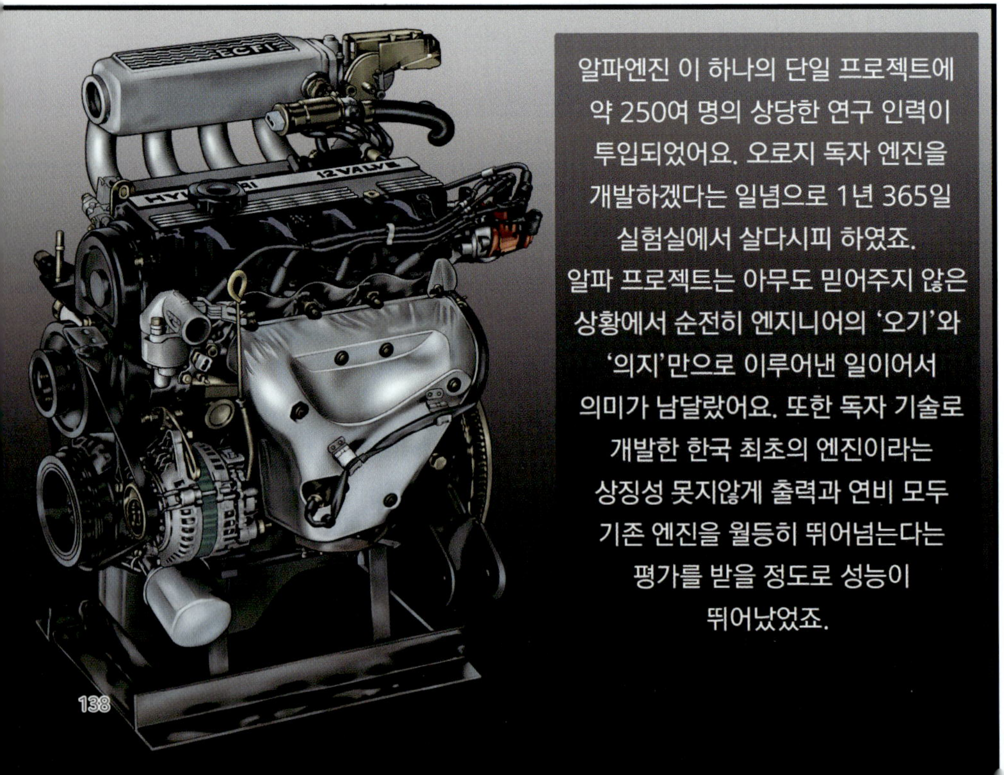

알파엔진 이 하나의 단일 프로젝트에 약 250여 명의 상당한 연구 인력이 투입되었어요. 오로지 독자 엔진을 개발하겠다는 일념으로 1년 365일 실험실에서 살다시피 하였죠. 알파 프로젝트는 아무도 믿어주지 않은 상황에서 순전히 엔지니어의 '오기'와 '의지'만으로 이루어낸 일이어서 의미가 남달랐어요. 또한 독자 기술로 개발한 한국 최초의 엔진이라는 상징성 못지않게 출력과 연비 모두 기존 엔진을 월등히 뛰어넘는다는 평가를 받을 정도로 성능이 뛰어났었죠.

그 해, 알파엔진은 기술의 우수성을 인정받아 제1회 장영실 상을 수상,
한 사람의 엔지니어로서 한국 최초의 독자 엔진을 개발해 자동차산업 발전에
일조했다는 사실은 더없이 큰 보람이었죠.

※ 장영실 상은 새로운 기술을 개발하고 상품으로 만들어서 우리나라 산업의 기술 혁신을
이끈 기업이나 연구소의 개발 담당자에게 수여하는 상이다.

알파엔진은 개발된 지 30여 년이 넘은 지금도 중국, 러시아, 남미 등에서
꾸준히 사용될 만큼 성능이 우수합니다.
전 세계적으로 누적 생산량 1,000만 대를 돌파한 엔진이기도 했고요. 이렇게
축적한 경험과 기술이 있었기에 후속 엔진 개발에도 가속도가 붙을 수 있었고,
마북리 연구소는 그때부터 현대자동차의 기술을 주도적으로 이끄는 연구소로
거듭날 수 있었습니다. 알파엔진 개발 역시 연구소의 엔지니어들이
모두 힘을 합쳐 매달리지 않았다면 불가능한 일이었죠.

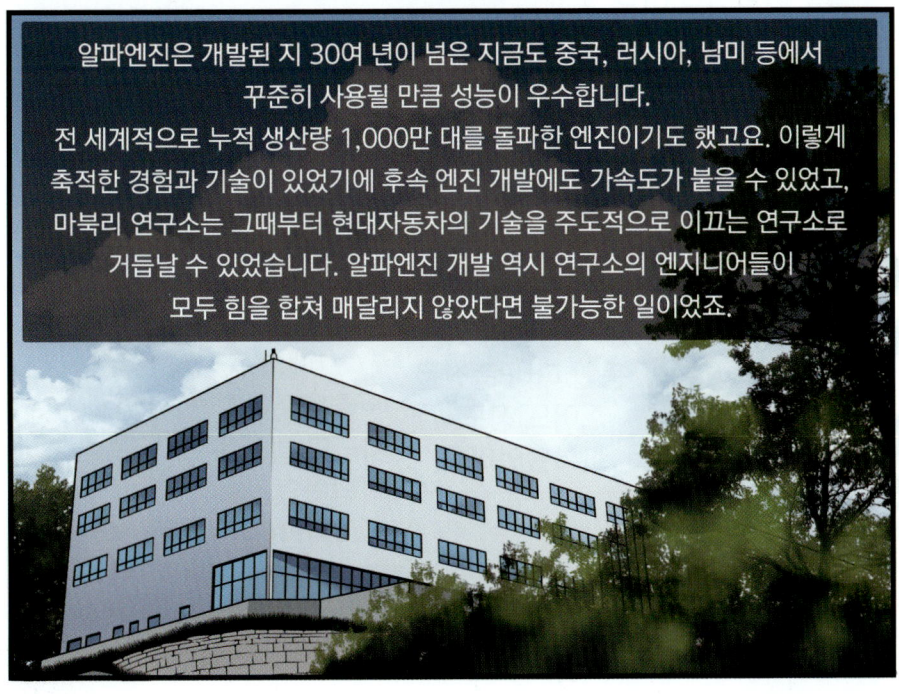

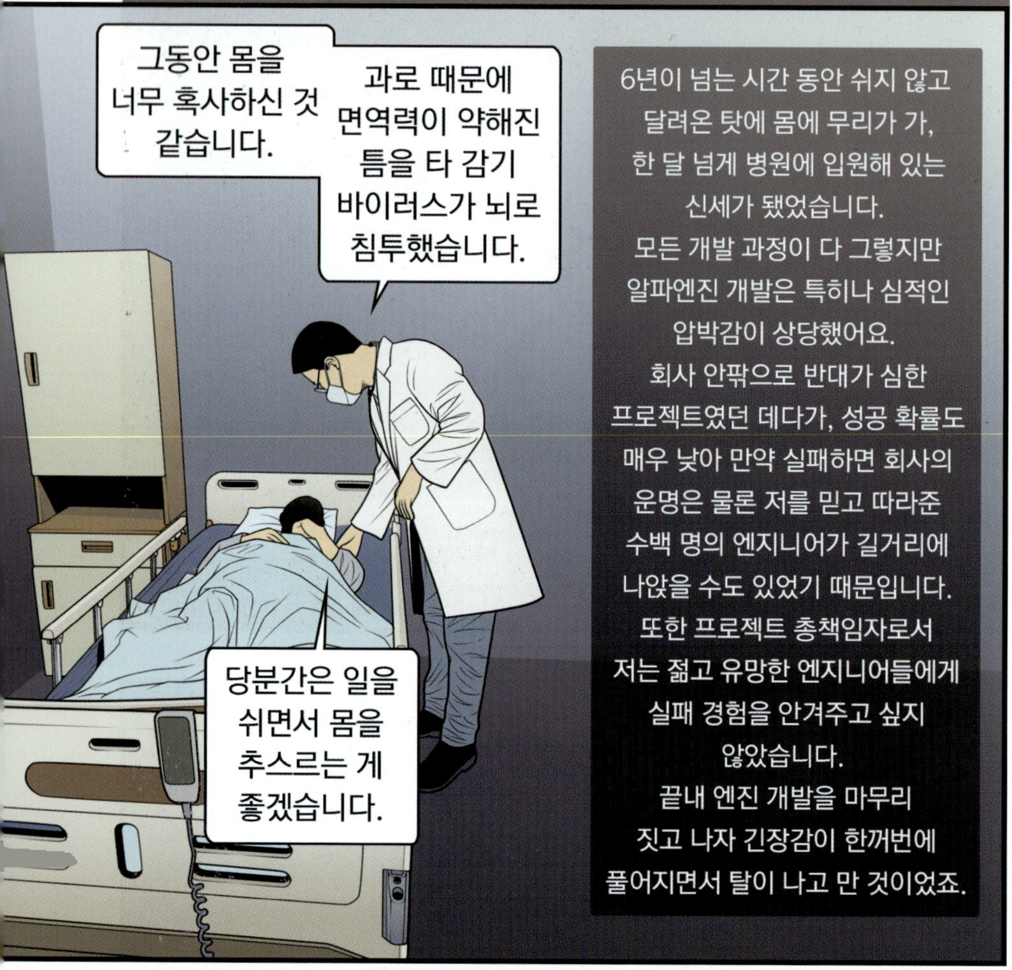

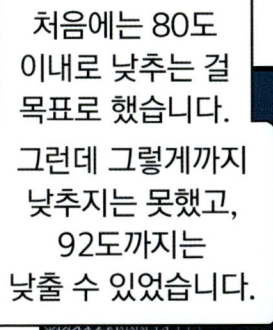

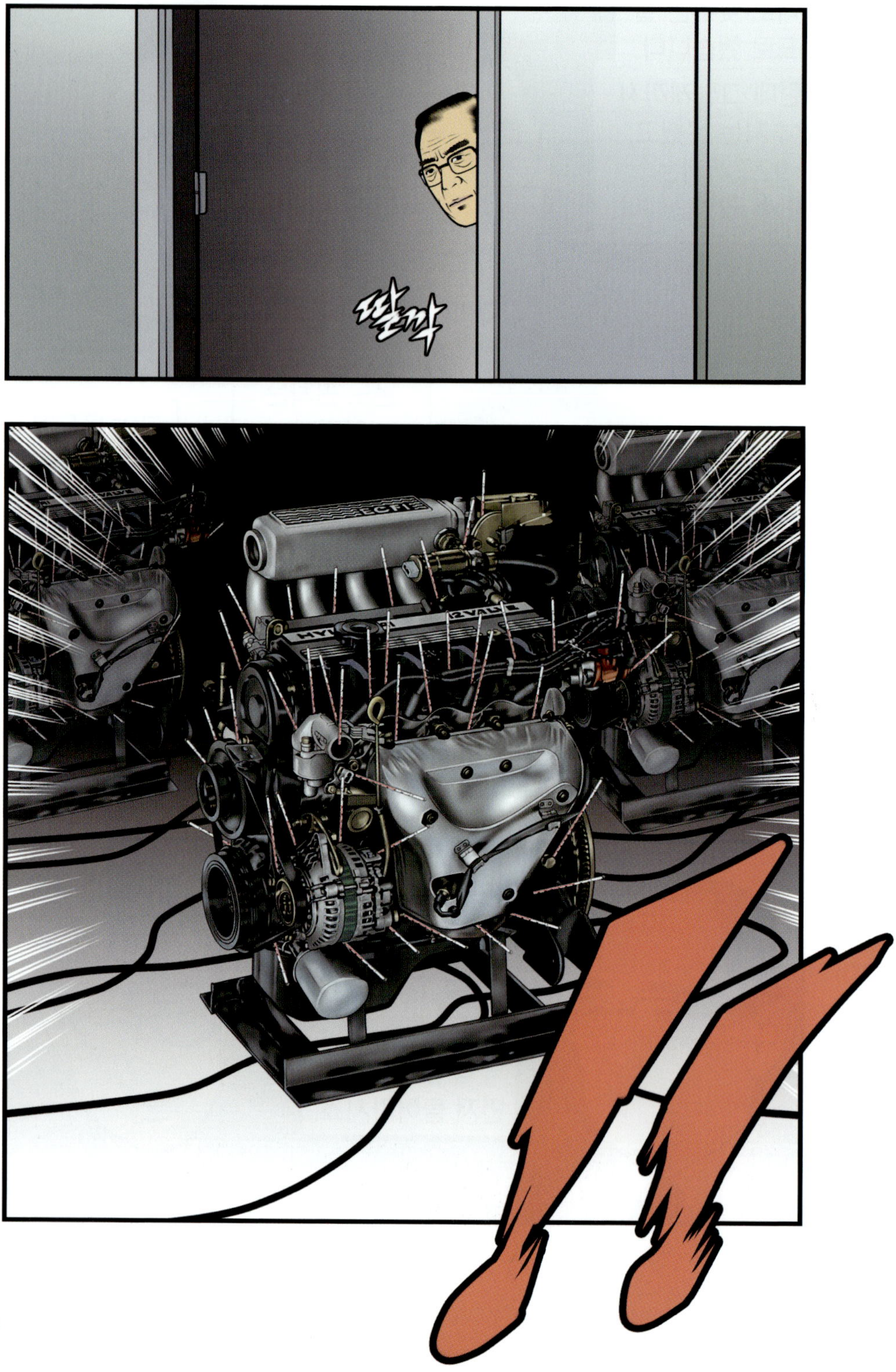

그는 천 명이 넘는 미쓰비시 연구원들을 전부 대강당으로 불러 모아 심각하게 이야길 한 후, 같은 내용으로 대회의실에서 간부 회의 또한 오래도록 했다고 들었습니다.

지금 방금 한국에서 돌아오는 길입니다.
현대자동차에 갔더니 아주 독한 엔지니어가 한 명 있습디다.

모두 정신을 바짝 차리지 않으면 10년 내에 우리가 현대자동차로 기술을 배우러 다니게 될지도 모릅니다.
그러니 부지런히 기술을 개발하십시오.

미쓰비시 연구원들은 그날 퇴근도 하지 못한 채 오랫동안 구보 회장의 잔소리를 들어야만 했지만 구보 회장의 말을 곧이곧대로 믿는 사람은 아무도 없었다고 합니다.
그도 그럴 것이, 구보 회장이 경고하던 그 순간에도 현대자동차 울산 공장의 엔진 생산팀이 미쓰비시에서 기술을 전수받고 있었기 때문이었습니다.
놀랍게도 몇 년 후, 구보 회장의 경고는 그대로 현실이 되어버렸죠.

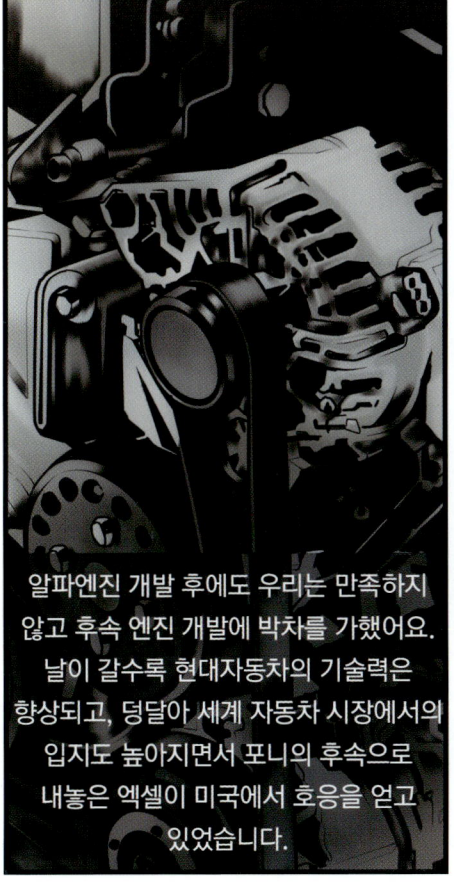

보쉬는 1886년에 독일에서 벤츠가 처음으로 자동차를 발명했을 때 그 차의 부품을 납품했던 회사였고 그만큼 기술에 대한 자부심을 가지고 있었죠. 저는 개인적으로 보쉬에 대한 좋은 인상을 갖고 있지는 않았지만 그들의 기술력만큼은 내심 궁금했어요. 그래서 시간을 내서 독일에 있는 보쉬 연구소를 방문했습니다. 예상대로 보쉬는 대단한 회사였어요. 기술력으로 보나 규모로 보나, 벤츠와 함께 세계 자동차 기술을 선도하고 있는 '자동차산업의 양대 산맥'
이라고 해도 과언이 아니었습니다.

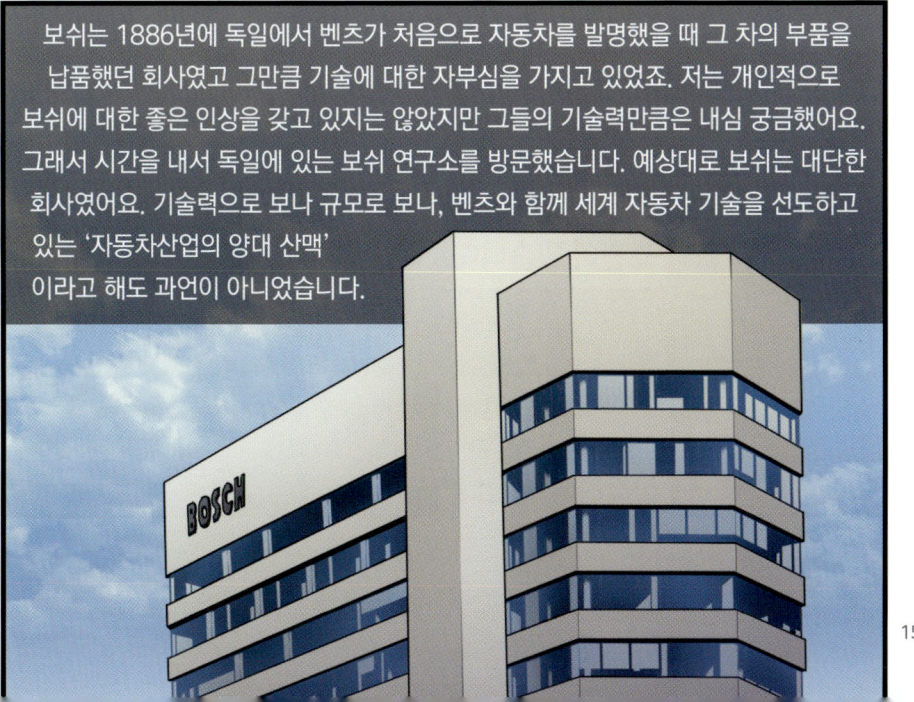

모르긴 몰라도 보쉬는 제가 그들의 뛰어난 기술력을 직접 확인하고 나면 마음을 돌릴 거라고 예상했을 것이지만 저는 견학을 마치고 나서 이렇게 말했습니다.

당신네 회사가 대단하다는 것을 잘 알겠습니다.
하지만 나는 아직 합작해야 할지 말지 결정하지 못했습니다.

나중에 다시 얘기하도록 합시다.

그런데 보쉬를 방문한 지 얼마 지나지 않았을 때 갑자기 미쓰비시에서 더 이상 부품을 납품할 수 없다는 연락이 왔습니다. 당시 현대자동차는 엑셀에 들어가는 연료 장치를 미쓰비시에서 공급받아 쓰고 있어 그 부품이 없으면 미국에 엑셀을 수출할 수 없는 상황이었죠.
예기치 못한 미쓰비시의 통보에 당황한 우리는 그 원인을 파악하다가 보쉬가 이 사건에 개입하고 있다는 사실을 알게 됐습니다.
보쉬는 미쓰비시에 압력을 넣은 다음 우리에게 이렇게 통보해 왔습니다.

앞으로는 엑셀에 들어가는 부품을 우리가 직접 공급하겠습니다.
하지만 한 가지 조건이 있습니다.
부품을 받고 싶으면 우리와 합작해야 합니다.

우리는 딜레마에 빠졌어요. 보쉬와 합작하지 않으면 해당 부품을 납품받을 수 없고, 그러면 엑셀을 미국에 수출할 수도 없게 되죠. 차는 수출해야겠고, 보쉬와 합작하는 것을 탐탁지 않게 생각한 저는 합작을 진행하기로 하고서도 계속 시간을 끌었습니다. 이번에는 우리가 아쉬울 것이 없었기에 합작 조건도 까다롭게 걸었죠. 그런데 예상과 달리 보쉬는 우리의 조건을 모두 받아들이겠다고 했습니다. 결국 1년 반 만에 합작회사가 만들어졌고 처음 보쉬를 찾아갔을 때와 달리 그간 현대자동차의 위상이 높아졌기에 우리는 만족스러운 조건으로 협상할 수 있었습니다.

미쓰비시는 엑셀에 들어가는 부품을 보쉬의 원천 특허 기술을 이용해 만들고 있었다. 보쉬가 현대자동차에 부품을 공급하지 못하도록 미쓰비시에 압력을 넣은 것이다. 원천기술을 보쉬가 가지고 있으니 미쓰비시는 우리에게 부품을 공급하고 싶어도 할 수가 없었다.
이처럼 자동차산업에는 원천기술을 가지고 있는 것이 무엇보다 중요하다. 원천기술을 가지고 있지 않으면 자동차를 만들 때마다 원천기술을 보유한 회사에 로열티를 내야 한다. 현대자동차가 천문학적인 액수를 투자하면서 독자 엔진을 개발하려고 한 것도, 따지고 보면 원천기술을 보유하기 위해서였다. 우리가 미쓰비시에 휘둘린 것처럼 원천기술을 보유하지 못하면 결국 원천기술을 가진 회사에 종속될 수밖에 없기 때문이다.

알파엔진에서 시작한 현대자동차의 엔진 개발은 이후 세타엔진, 람다엔진, 타우엔진까지 거침없이 이어졌었죠.
열 손가락 깨물어 안 아픈 손가락이 없듯 모두 공들여 개발한 엔진이라 어느 것 하나 애착 가지 않는 것이 없었어요. 알파엔진은 아무도 성공할 거라고 믿지 않는 상황에서 국내 최초로 개발한 엔진이라는 점에서 남다른 의미가 있었죠.
하지만 그중에서도 제게 특별한 의미로 남아있는 엔진이 있는데, 바로 감마엔진입니다. 알파엔진과 베타엔진 개발에 성공하고 나자 우리 팀은 중형 승용차용 엔진으로 감마엔진 설계에 들어갔었죠.

미쓰비시는 끊임없이 우리의 독자 엔진 개발을 막으려고 기회를 노리고 있었어요. 제가 보직 해임 당했을 때는 유능한 우리 엔지니어들을 미쓰비시의 오리온엔진을 개조하는 데 투입했었습니다. 미쓰비시는 그런 방식으로 현대와 엔진을 공동으로 개발하려고 했었죠. 전적으로 유리한 조건이었기 때문에 미쓰비시로서는 자신들의 엔진을 우리 엔지니어들을 투입해 개조할 수 있고, 기술 지도를 한다는 명목 아래 특허권도 챙길 수 있어서 일석이조인 셈이었어요. 거기다 우리 엔지니어들이 미쓰비시의 엔진을 개발하다 보니 현대자동차의 독자 엔진 개발이 그만큼 미뤄질 수밖에 없었습니다. 다행히 오리온엔진 개조는 제가 신엔진개발실장으로 복귀하면서 무산됐지만, 이후에도 미쓰비시는 우리의 독자 엔진 개발을 막으려고 끊임없이 노력했습니다.

미쓰비시의 주장은 일리가 있었어요. 엔진을 개발할 때는 성능도 중요하지만 생산 비용을 줄이는 것도 고려해야 할 사항이었죠. 게다가 변속기 기술을 가져다 쓰려면 미쓰비시의 제안을 어느 정도 수용할 필요도 있었어요.

당시 현대자동차의 엔진 기술은 상당 수준에 올라 있었지만 변속기 기술은 아직 미약했습니다. 물론 알파엔진에 들어가는 수동 변속기 정도는 우리도 설계할 수 있었지만 자동 변속기는 달랐습니다. 자동 변속기 설계 기술을 완벽하게 갖고 있지 않은 상황에서 미쓰비시의 제안을 거절하기는 현실적으로 어려웠죠.

저는 끝까지 반대했지만 결국 경영진은 미쓰비시의 손을 들어줬습니다. 우리 엔지니어들이 공들여 설계한 감마엔진은 빛을 보지 못한 채 사장되고 말았습니다. 심혈을 기울여 설계한 엔진을 포기해야 한다는 건 엔지니어에게 상당한 좌절감을 안겨주는 일이라 개발이 중단된 채 연구실 한 켠에 고이 잠들어 있는 감마엔진을 볼 때마다 속이 쓰렸어요.

무엇보다 시리우스2엔진이 감마엔진보다 나을 게 없었기에 엔지니어로서 더욱 속이 상했었죠.

현대자동차는 1984년에 마북리 연구소를 설립하고 약 7년 만에 첫 독자 엔진인 알파엔진을 개발했습니다. 두 번째 베타엔진을 개발하는 데는 4년의 기간이 소요됐고요. 베타엔진 개발 이후로는 거의 1년에 한 대꼴로 새로운 엔진을 출시해 왔는데, 세타엔진을 개발하는 데까지는 약간의 공백이 있었어요. 그만큼 세타엔진의 성능을 끌어올리기 위해 심혈을 기울인 것이죠. 세타엔진은 현대자동차가 개발한 여섯 번째 가솔린 엔진으로 알파엔진 개발에 성공한 지 13년 만에 선보인 야심작이었습니다.

알파엔진이 우리 힘으로 만든 최초의 엔진이라면 세타엔진은 늘 선진 기술을 따라잡기 바빴던 우리가 세계시장에서 기술력을 인정받았다는 데 의미가 있는 엔진입니다. 엔진 기술을 다른 회사에서 사다 쓰던 현대자동차가 처음으로 다른 회사에 설계 기술을 넘겨준 엔진이 바로 이 세타엔진이기 때문이죠. 세타엔진이 세계적인 자동차 회사에 기술 이전된 것은 무엇보다 세타엔진의 설계 자체가 매우 우수했기 때문이지만 거기에는 현대자동차 내부에서도 잘 알려지지 않은 비하인드 스토리가 있었습니다.

1997년 외환 위기가 터지고 정부가 외국자본을 적극적으로 끌어들일 당시, 벤츠가 현대자동차의 지분을 10% 정도 인수한 적이 있었습니다.
벤츠는 당시 공격적인 경영을 펼치고 있었고, 이미 크라이슬러와 미쓰비시를 인수한 상태로 현대자동차 역시 호시탐탐 노리고 있었죠.
벤츠는 협력 관계를 맺는 차원에서 현대와 벤츠의 고위 중역을 서로 교환하자고 했어요. 우연찮게 그 대상으로 제가 지목되었고 벤츠 직원들과 우호적인 관계를 유지하고 있었기에 벤츠에서 저에게 한 가지 제안을 했습니다.

벤츠에서 이번에 스마트라는 4인승 소형차를 만들고 있는데,

아시다시피 벤츠에서는 소형 엔진을 만들어본 적이 거의 없습니다.

현대에서 스마트에 들어갈 소형 엔진을 설계해 줬으면 하는데, 어떠십니까?

알파엔진부터 시작해서 우리는 소형 엔진을 수도 없이 설계했으니 어려울 게 없습니다.

한번 시간을 내보지요.

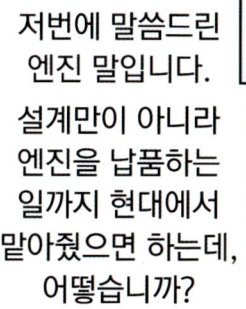

사무실에 돌아와서도 좀처럼 분이 가시지 않더라고요. 벤츠가 우리를 납품 업체 취급한 것도 괘씸했지만, 더 화가 나는 것은 스마트 엔진 견적서가 미쓰비시에 흘러 들어갔다는 사실이었죠. 그렇게 다짐을 받아뒀건만 본부장은 제가 준 우리 견적서를 미쓰비시에 넘겨주었고 미쓰비시는 우리 견적서를 속속들이 들여다보고 우리보다 조금 더 저렴한 가격으로 벤츠에 견적서를 제시했던 거였어요. 생각할수록 속이 부글부글 끓었습니다.

"엔진설계 진짜 잘했다. 벤츠가 설계해도 이보다 잘할 수는 없을 것 같아."

그는 회사로 돌아간 다음 저에게 편지 한 통을 보내왔습니다. 벤츠에 중형 엔진이 필요한데, 세타엔진을 같이 쓰고 싶다는 것이었죠. 당시는 크라이슬러와 미쓰비시가 모두 벤츠의 자회사로 있을 때였는데, 그래서 자연스럽게 크라이슬러와 미쓰비시가 생산하는 차에 세타엔진을 장착하는 기술 이전 계약을 맺게 됐어요.

세타엔진으로 자동차 종주국인 미국과 세계 자동차 업계를 리드하는 일본에 기술을 수출하는 역사적인 순간이었습니다. 그동안 선진 기술을 따라잡느라 바빴던 우리가 드디어 기술을 선점하는 단계에 이른 것이었죠.

우리는 이로써 5,700만 달러의 로열티를 받게 되었습니다.

물론 세타엔진의 세계 진출에 스마트 엔진 설계 과정에서 신뢰를 잃은 벤츠의 노력이 어느 정도 작용한 것은 사실이다.
하지만 가장 큰 이유는 뭐니 뭐니 해도 세타엔진의 성능이 세계 어디에 내놔도 손색이 없을 만큼 우수했기 때문이다.
세타엔진의 설계도면이 우수하지 않았다면 벤츠의 의지가 있었다 해도 기술 이전 계약은 성사되지 못했을 것이다.

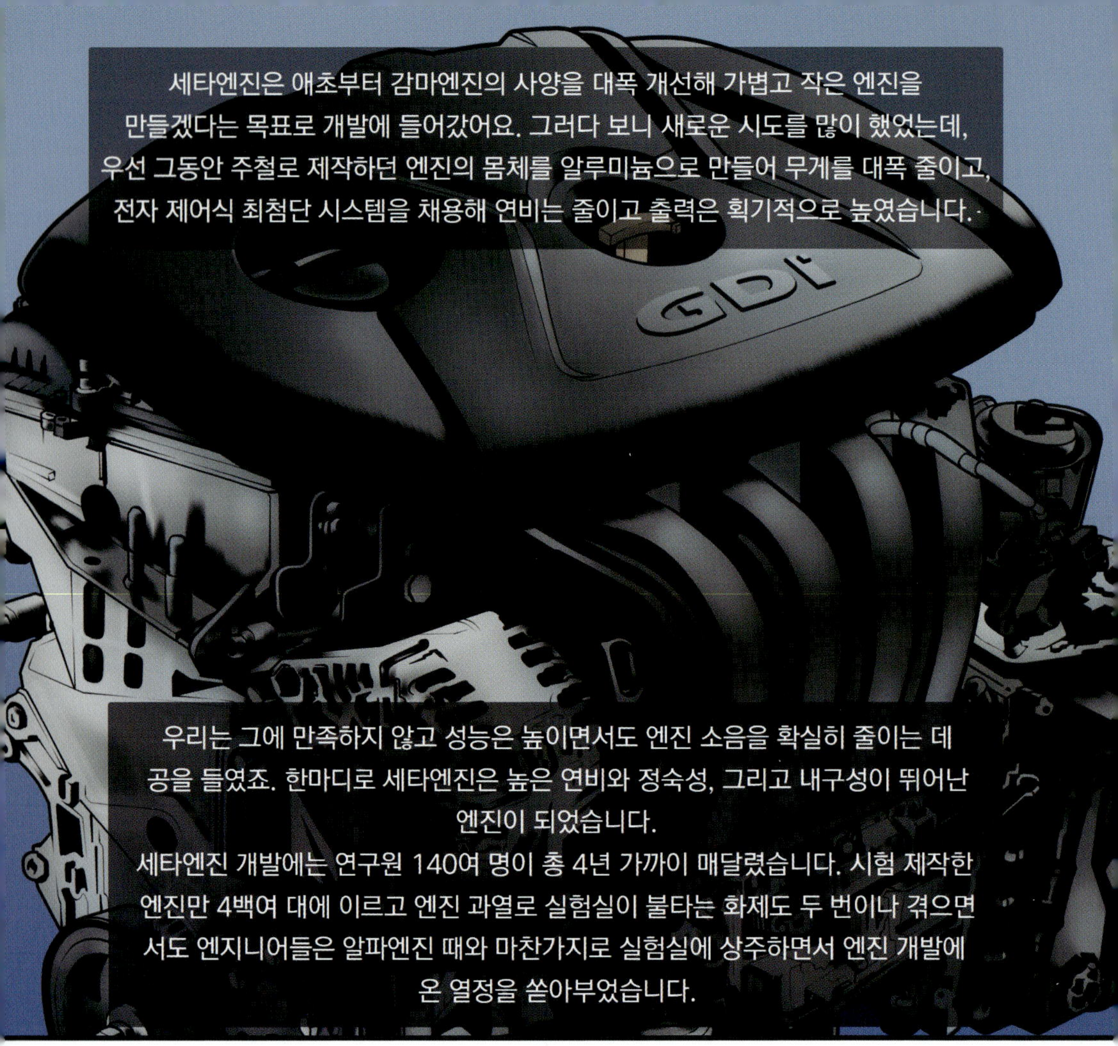

세타엔진은 애초부터 감마엔진의 사양을 대폭 개선해 가볍고 작은 엔진을 만들겠다는 목표로 개발에 들어갔어요. 그러다 보니 새로운 시도를 많이 했었는데, 우선 그동안 주철로 제작하던 엔진의 몸체를 알루미늄으로 만들어 무게를 대폭 줄이고, 전자 제어식 최첨단 시스템을 채용해 연비는 줄이고 출력은 획기적으로 높였습니다.

우리는 그에 만족하지 않고 성능은 높이면서도 엔진 소음을 확실히 줄이는 데 공을 들였죠. 한마디로 세타엔진은 높은 연비와 정숙성, 그리고 내구성이 뛰어난 엔진이 되었습니다.

세타엔진 개발에는 연구원 140여 명이 총 4년 가까이 매달렸습니다. 시험 제작한 엔진만 4백여 대에 이르고 엔진 과열로 실험실이 불타는 화재도 두 번이나 겪으면서도 엔지니어들은 알파엔진 때와 마찬가지로 실험실에 상주하면서 엔진 개발에 온 열정을 쏟아부었습니다.

당시 현대자동차를 이끌고 있던 정몽구 회장도 세타엔진이 쏘나타에 탑재될 엔진이었기에 관심이 컸어요. 무엇보다 당시 쏘나타는 현대의 자존심이라고 해도 과언이 아닌 차였습니다. 미국에서 가장 주력으로 판매되는 차종이기도 해서 당연히 어느 차보다 품질 관리에 신경을 많이 쓸 수밖에 없었죠.

정몽구 회장은 바쁜 일정에도 불구하고 한 달에 한 번씩은 꼭 연구소에 들러 개발실 엔지니어들을 격려했습니다.

"자동차의 품질은 개발 단계에서 잡아야 합니다."

"초기 단계에서 품질을 잡으면 비용이 1이 들어가지만 한창 양산하는 중에 고치면 10으로 늘어납니다."

"그런데 이미 판매된 차를 리콜하거나 애프터서비스를 하게 되면 그 비용은 100으로 늘어납니다."

"그러니 반드시 개발 단계에서부터 모든 문제를 걸러내도록 하십시오."

개발 단계에서부터 완벽을 기하려다 보니 세타엔진 개발팀은 다른 팀보다 몇 배 더 고생해야 했어요. 그런데도 경영진은 대충 넘어가는 법이 없었죠. 개발팀이 어느 정도 됐다 싶어 엔진을 내보내면 품질본부에서 다시 돌려보내기 일쑤였습니다. 심지어 쏘나타 신차 발표 시기가 임박해 오는데도 최종 판단을 내리지 않고 있었어요. 자칫 잘못하면 언론과 약속한 발표 시기를 늦춰야 할 상황이었죠.

개발팀은 날짜를 맞추기 위해 휴일도 반납한 채 엔진의 문제점을 개선해 나갔습니다. 영하 10도 이하에서 시동을 걸면 약 5초 동안 아주 미세한 소음이 났는데, 품질본부에서 이것을 지적한 것이었어요.
우리는 이를 피스톤 형상으로 개선해서 세타 엔진을 다시 품질본부로 보내놓고 결과를 기다렸습니다. 만약 이번에도 불합격 판정을 받는다면 어쩔 수 없이 쏘나타의 발표를 늦춰야 했을 정도로 긴박한 순간이었습니다.

연구소에 긴장감이 도는 가운데, 드디어 품질본부의 회신이 전해졌어요. 결과는 합격! 세타엔진의 성능과 품질이면 세계 어느 시장에 내놓아도 좋은 평가를 받을 수 있을 것이라는 최종 결과가 나왔습니다.
엔지니어들은 그제야 한숨을 돌리고 마음껏 기뻐할 수 있었어요.
이렇게 심혈을 기울여 개발한 세타엔진은 NF쏘나타에 탑재됐습니다. 그리고 기대 이상의 호평을 받았고, 미국에서도 세타엔진은 기술적으로 대단히 완성도 높은 엔진이라는 평가를 받았습니다.

2005년 9월 미쓰비시는 교토의 엔진공장에 40만 대 규모의 세타엔진 전용 공장을 완공하여 본격적으로 세타엔진 생산에 들어갔습니다.
미쓰비시는 배기량 1,800~2,000cc의 차에 세타엔진을 장착할 계획이었죠. 같은 해 10월 크라이슬러도 미국 미시간주 던디에 연간 42만 대 생산 규모의 엔진 공장을 완공하였고 같은 해 11월에는 던디 공장 옆에 제2공장을 건설해 총 84만 대의 세타엔진을 생산할 계획도 세웠죠.

크라이슬러와 미쓰비시가 쓰는 세타엔진의 이름이 바로 월드엔진이었습니다. 세타엔진은 말 그대로 세계적인 엔진이 되었고, 미국의 유명한 자동차 전문지 〈모터 트렌드〉는 세타엔진에 대해 이렇게 언급했습니다.

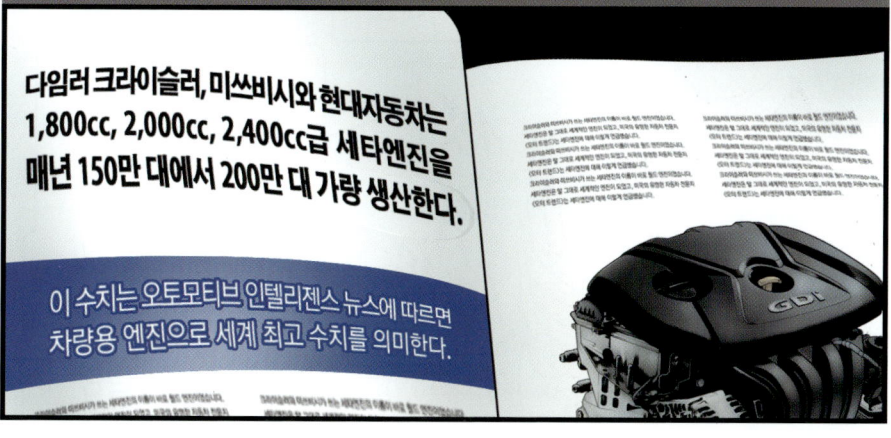

다임러 크라이슬러, 미쓰비시와 현대자동차는 1,800cc, 2,000cc, 2,400cc급 세타엔진을 매년 150만 대에서 200만 대 가량 생산한다.

이 수치는 오토모티브 인텔리젠스 뉴스에 따르면 차량용 엔진으로 세계 최고 수치를 의미한다.

세타엔진은 현대와 크라이슬러, 미쓰비시가 공동으로 생산하게 되면서 단일 엔진으로는 한 해에 가장 많이 생산하는 엔진이 됐습니다. 1997년 한 해에만 184만 대를 생산했는데, 이 기록은 아직도 깨지지 않고 있죠. 그동안 미쓰비시와 현대자동차는 서로 필요에 따라 기술 제휴를 하고 공동 개발을 해온 파트너였어요. 주로 미쓰비시에서 현대자동차에 기술을 전수해주는 관계였었지만, 세타엔진 개발로 상황은 완전히 뒤바뀌었죠.

크라이슬러와 미쓰비시 엔지니어들은 현대자동차의 엔진 연구소에 와서 세타엔진의 기술 교육을 3개월씩 받고 돌아갔는데, 세타엔진 생산 공장을 지을 때는 우리 엔지니어들이 세 명씩 파견 나가 감독을 하고, 4년씩 기술 지도를 해줬었죠.
10년 전 구보 회장이 마북리 연구소를 견학한 다음, 미쓰비시 엔지니어들에게 경고한 일이 비로소 현실이 된 셈이었습니다. 그리고 10년을 훌쩍 넘은 지금도 크라이슬러와 미쓰비시는 여전히 세타엔진을 쓰고 있고 지프, 피티크루저 등 크라이슬러가 생산하는 60%의 자동차와 미쓰비시의 자동차 70%는 여전히 세타엔진이 장착되어 세계를 누비고 있습니다.

저는 손에 기름때를 묻혀가며 엔지니어들과 실험실에서 사는 것을 좋아하는 천생 엔지니어였습니다. 하지만 시간이 흐르면서 점차 중요한 결정을 내려야하는 자리에 앉게 됐어요. 나중에는 신차 개발을 책임지는 연구개발 총괄본부를 이끌게 되었죠. 연구개발을 총괄하게 되면서 저는 시장을 미리 읽어 좀 더 경쟁력 있는 자동차를 개발하기 위해 엔진뿐 아니라 차세대 자동차 시장에 눈을 돌렸습니다. 그즈음 전 세계 자동차 업계는 친환경 미래형 자동차인 하이브리드자동차에 관심을 두고 있었죠.

※ 하이브리드자동차는 기존의 자동차보다 석유 사용을 줄이거나 전기나 수소 같은 새로운 에너지를 이용해 배기가스 양을 획기적으로 줄인 자동차이다. 지금도 세계 각국의 자동차회사들은 더 나은 성능의 하이브리드자동차를 개발하기 위해 치열한 경쟁을 벌이고 있다.

저 역시 앞으로 자동차산업이 가야 할 방향이 하이브리드에 있다고 내다봤습니다.
당시 예상으로는 2020년쯤이면 전 세계 자동차의 15% 정도가 하이브리드자동차가 차지하지 않을까 생각했어요. 하지만 우리나라 사정상 전기자동차는 아직 상용화되기 어렵다고 생각을 했었죠.

이유는 여러 가지가 있는데 우선 전기자동차 배터리의 제작 단가가 높기 때문이고, 아무리 친환경 자동차라고 해도 가격 경쟁력이 없으면 어렵다고 판단했습니다. 또 전기자동차 배터리의 충전 시간이 길고 충전소를 전국에 설치해야 한다는 점도 문제였어요.
게다가 전기자동차에 필요한 전력을 공급하려면 원자력 발전소를 여덟 개나 더 지어야 해서 여러모로 아직까지는 현실적이지 못하다고 판단했습니다.

오히려 우리나라에는 수소를 사용하는 전기자동차가 전망이 밝았죠. 우리나라처럼 제철소나 정유 시설이 많은 나라에서는 거기서 나오는 수소 가스의 20%만 가지고도 500만 대의 자동차를 움직일 수 있었습니다. 게다가 수소는 석유보다 훨씬 저렴하므로 충분히 경제성이 있다고 판단했습니다.
하지만 기술에 대한 이해가 부족한 언론이나 방송에서는 그런 대안에는 관심조차 없이 그저 현대자동차에서는 왜 전기자동차를 만들지 않느냐고 물을 뿐이었죠.

한번은 청와대 미래기획관이 직원들과 함께 저를 찾아온 적이 있었어요. 그는 선진국의 자동차회사들은 미래를 내다보고 전기자동차를 개발하는데 왜 현대자동차는 그러지 않느냐고 묻길래 저는 이렇게 대답했습니다.

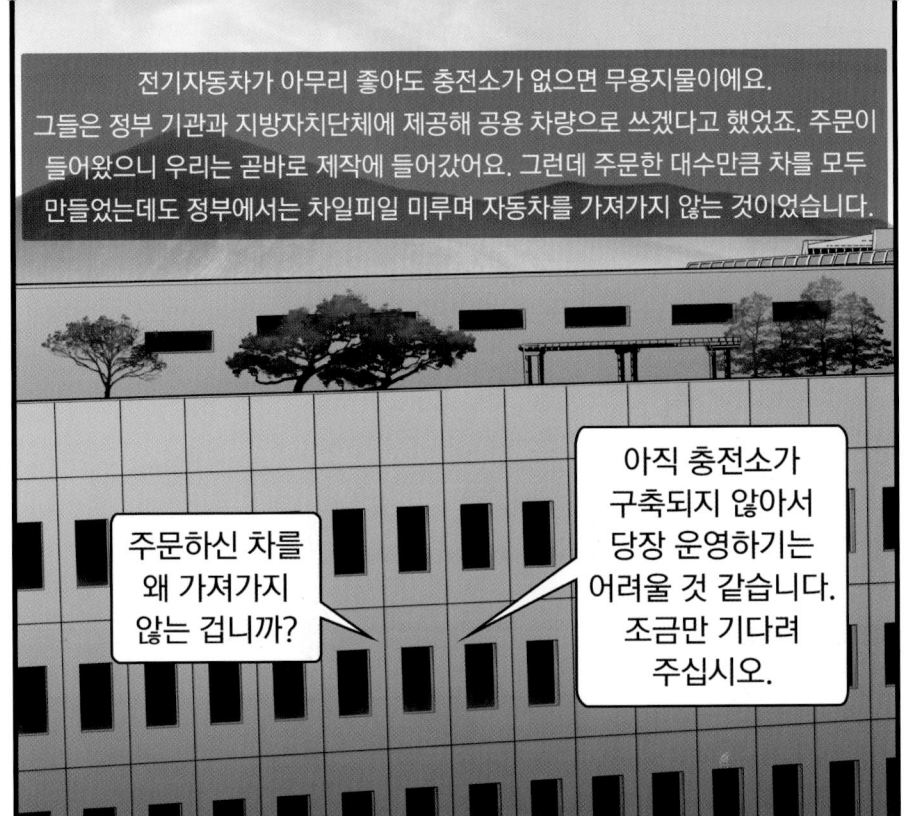

그렇게 해서 230대의 전기자동차는 1년이 넘도록 우리 연구소 시험장에 고스란히 세워둬야 했다.

엔지니어가 얘기할 때는 들으려고 하지 않다가 직접 만들어보고 나서야 전기자동차가 실현 가능성이 어렵다는 사실을 깨달은 것이다.

기술 기반 사회에서는 기술에 대한 정확한 이해 없이는 올바른 정책을 수립하기 어렵다. 따라서 국가를 이끄는 리더라면 정책을 수립하기 전에 기술에 대한 이해가 선행돼야 할 것이다.

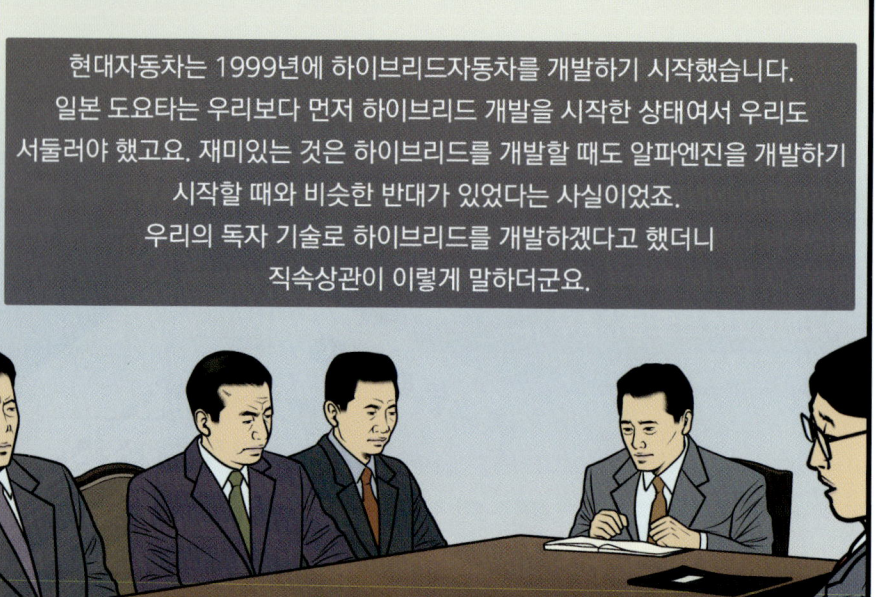

실제로 도요타는 하이브리드 개발을 먼저 시작한 회사답게 관련 특허를 상당히 많이 가지고 있었어요. 거미줄처럼 촘촘히 얽힌 도요타의 특허를 피해 우리만의 기술로 개발하는 것은 쉬운 일이 아니었습니다. 어렵게 개발하느니 도요타의 기술을 사 오는 게 낫다고 생각하는 이들이 이번에도 더러 있었습니다.

하지만 막상 개발을 시작하자 어려운 점이 한둘이 아니었어요. 결정적으로 국내에는 하이브리드 관련 부품을 제작할 수 있는 업체가 없었죠. 기술도 부족했지만, 개발 규모가 크지 않아 같이 하겠다고 나서는 업체도 없었고요. 알파엔진을 개발할 때와 똑같은 상황이 벌어진 겁니다. 하는 수 없이 일본 부품회사들을 물색했는데, 다행히 도요타와 거래하고 있던 몇몇 업체들과 공동 개발을 진행할 수 있었습니다.
이제 모든 기술을 총동원해 속도를 높이는 일만 남았는데, 일이 터지고 말았죠.

"회사 사정으로 현대에 부품을 공급하지 못하게 됐으니 양해 바랍니다."

배터리를 제작하던 산요, 모터를 제작하던 히다찌 등 일본의 부품회사들이 줄줄이 계약 해지를 통보해 왔습니다. 이대로 계약이 해지되면 몇 년 동안 개발해 왔던 모든 것들이 수포로 돌아갈 상황이었죠.

> 그리고 현실적으로 도요타를 따라잡기는 불가능했어요. 결국 현대자동차는 도요타보다 6년 늦게 하이브리드를 개발했습니다. 도요타의 방해로 고전을 면치 못한 것에 비하면, 그나마 선전한 셈이었지만 언론이나 대중은 그런 속사정을 알지 못했죠. 원천기술을 선점하기 위해 자동차 업계에서 얼마나 치열한 생존 싸움이 벌어지는지 상상도 하지 못한 채, 그들은 그저 현대가 미래를 내다보는 눈이 없어 하이브리드 개발이 늦었다고만 비판할 뿐이었습니다.

호국일보   2004월 10월 24일 화요일 045편 기업

일본보다 6년이나 늦은 현대자동차의 하이브리드 자동차 NF 쏘나타, 도요타의 하이브리드 자동차는 6년 전 출시. [호국뉴스]

미래를 보지 못한 현대자동차의 하이브리드 자동차 개발

물론 결과적으로 전략을 잘못 세운 책임은 나에게 있다. 그 책임을 회피할 생각은 전혀 없다. 그리고 더 본질적인 문제는 우리가 핵심 기술을 갖고 있지 못한 데 있었다. 핵심 부품의 원천기술을 우리가 갖고 있었다면 경쟁사가 아무리 방해해도 전혀 위협이 되지 못했을 것이다. 그때부터 우리는 모든 주요 부품을 국산화하는 데 총력을 기울였다. 치열한 자동차 업계에서 다른 나라 업체와 공동 개발하는 것이, 얼마나 위험한 일인지 절실히 깨달은 것이다.

이렇듯 자동차산업에서 원천기술을 갖고 있느냐 그렇지 않으냐는 생존이 걸린 문제다. 원천기술을 갖고 있지 않은 회사는 경쟁에서 살아남기가 어렵다.

보쉬 때문에 엑셀을 수출하지 못할 뻔한 일과 도요타의 방해로 하이브리드 개발이 늦어진 일을 겪으면서 나는 원천기술의 중요성을 뼈저리게 느꼈다. 무슨 일이 있어도 핵심 분야에서만큼은 우리가 원천기술을 확보해야 한다는 소중한 교훈을 또 한 번 얻을 수 있었다.

CHAPTER 5
나만의 기술이 세상을 움직인다

이제는 엔지니어들도 자기 분야에서만 전문가로 남아서는 곤란하다. 연계된 기술을 이해해야 하고, 기술의 폭도 그만큼 넓혀야 한다. 달라진 기업 환경에 발 빠르게 대응할 수 있는 판단력과 미래 기술 예측력을 가진 엔지니어들만이 미래사회를 주도할 수 있을 것이다.

허허, 그런 이유가 있었군요.

제가 독자 엔진을 개발할 때부터 정주영 회장은 엔진 개발에 대한 모든 결정권을 저에게 넘겨줬었죠.

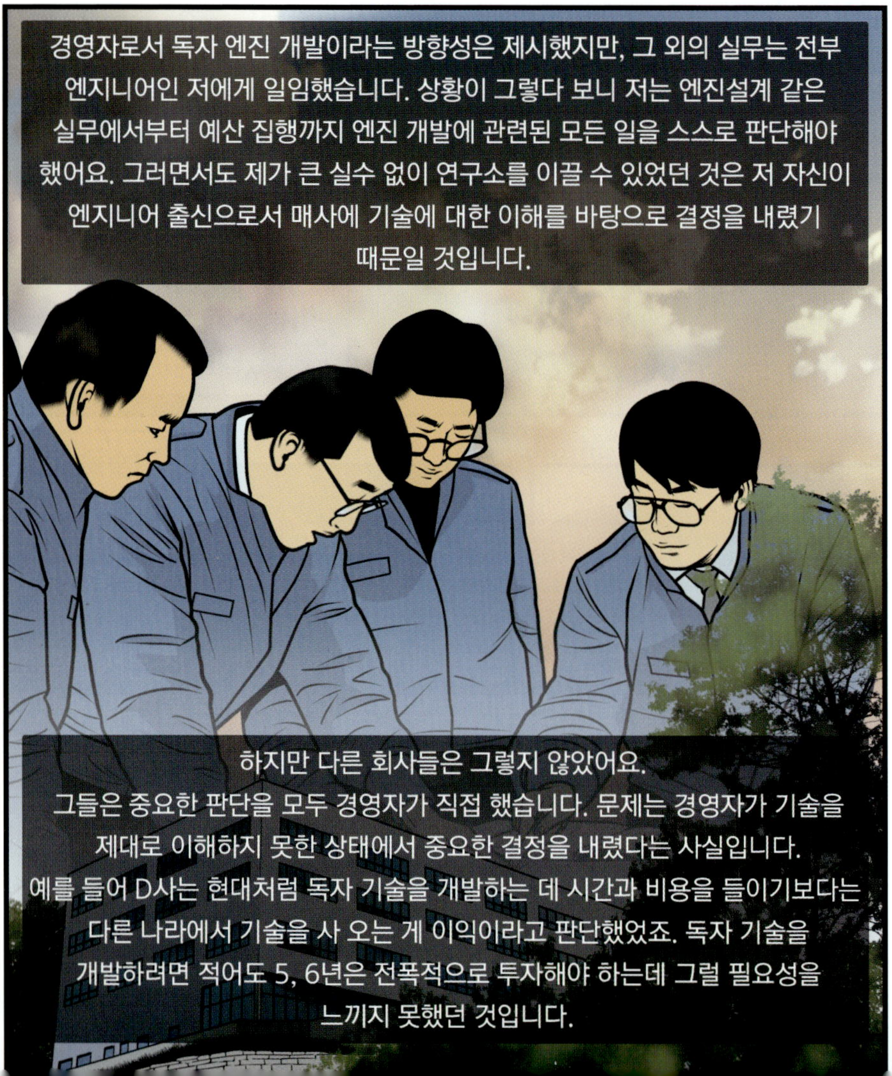

경영자로서 독자 엔진 개발이라는 방향성은 제시했지만, 그 외의 실무는 전부 엔지니어인 저에게 일임했습니다. 상황이 그렇다 보니 저는 엔진설계 같은 실무에서부터 예산 집행까지 엔진 개발에 관련된 모든 일을 스스로 판단해야 했어요. 그러면서도 제가 큰 실수 없이 연구소를 이끌 수 있었던 것은 저 자신이 엔지니어 출신으로서 매사에 기술에 대한 이해를 바탕으로 결정을 내렸기 때문일 것입니다.

하지만 다른 회사들은 그렇지 않았어요. 그들은 중요한 판단을 모두 경영자가 직접 했습니다. 문제는 경영자가 기술을 제대로 이해하지 못한 상태에서 중요한 결정을 내렸다는 사실입니다. 예를 들어 D사는 현대처럼 독자 기술을 개발하는 데 시간과 비용을 들이기보다는 다른 나라에서 기술을 사 오는 게 이익이라고 판단했었죠. 독자 기술을 개발하려면 적어도 5, 6년은 전폭적으로 투자해야 하는데 그럴 필요성을 느끼지 못했던 것입니다.

그래서 엔진은 호주에서, 변속기는 독일에서 사 오는 식으로 핵심 기술을 전부 외국에서 들여왔습니다. 그런대로 경쟁력이 있었지만, 나중에는 점차 제조 원가가 높아져 원가를 분석해 보니 D사의 자동차 엔진과 변속기 원가가 현대자동차의 거의 두 배에 달했었죠. 그런데도 그들은 현대자동차보다 더 저렴하게 자동차를 팔았습니다. 도저히 수익을 낼 수 없는 구조였어요.

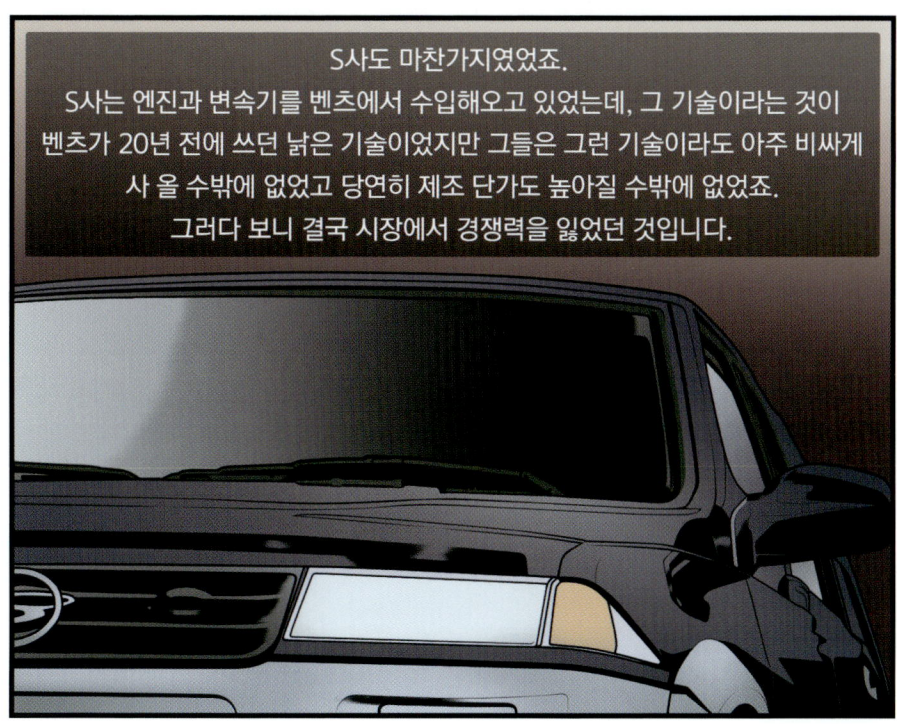

S사도 마찬가지였었죠.
S사는 엔진과 변속기를 벤츠에서 수입해오고 있었는데, 그 기술이라는 것이 벤츠가 20년 전에 쓰던 낡은 기술이었지만 그들은 그런 기술이라도 아주 비싸게 사 올 수밖에 없었고 당연히 제조 단가도 높아질 수밖에 없었죠.
그러다 보니 결국 시장에서 경쟁력을 잃었던 것입니다.

자동차 업계에서는 기술력이 없으면 살아남기 어렵다.

그런데도 그 회사들의 최종 결정권자는 기술의 중요성을 이해하지 못했고, 기술 개발에 투자하는 것을 게을리했다. 특히 경영자가 기술을 제대로 이해하지 못하면 오판하기 쉽고, 결국 아무리 잘나가는 회사라도 도태될 수밖에 없다.

기술을 바탕으로 시장을 정확하게 읽고 필요한 기술을 남들보다 한발 앞서 개발해야만 오래 살아남을 수 있다.

저는 현대에서 28년을 일했고 그중 22년은 중역으로 일했습니다. 제 인생의 장년기를 온전히 현대에서 보냈다고 해도 과언이 아니죠. 제가 현대에서 그렇게 오래 일했다고 하면 종종 사람들이 놀라곤 하는데, 강하고 남성적인 현대의 기업 이미지와 제 이미지가 사뭇 다르기 때문이라고 하더라고요. 평소에 큰 소리 한번 내지 않는 저 같은 사람이 어떻게 그런 거친 조직에서 살아남을 수 있었는지 의아하다는 것이었죠.

고백하건대, 저는 그렇게 호락호락한 상사는 아니었어요. 현대자동차가 급성장하던 시절에 엔진 개발이라는 핵심 프로젝트를 맡아 진행한 덕분에 저는 승진이 매우 빨랐고, 아마 회사가 생긴 이래 가장 빠른 승진이었을 것입니다. 그러다 보니 언제나 부하 직원들이 저보다 대여섯 살 정도는 나이가 많았어요. 그런데도 그들이 저를 무시하지 못했던 것은 제가 직책보다도 실력으로 승부하는 상사였기 때문이었죠.

처음 엔진설계를 시작할 때부터 저의 경쟁 상대는 현대의 중역들이나 미쓰비시의 엔지니어가 아니었어요. 저는 일찌감치 도요타와 벤츠의 엔진 기수를 저의 경쟁 상대로 삼았고, 세계 최고의 실력자들과 경쟁해야 저도 그에 버금가는 실력을 키울 수 있다고 믿었습니다.

같은 맥락에서 저는 우리 엔지니어들도 아주 강하게 키웠어요. 기술의 세계는 승자와 패자가 극명하게 갈리기 때문에 적당히 한다는 것은 있을 수 없고, 어느 한 부분이라도 부족함이 있어서는 안 된다는 것이 제 생각이었죠. 그렇다 보니 저는 세계적인 기술력을 갖춘 팀을 만들기 위해 우리 팀의 엔지니어들을 호되게 몰아붙였는데, 다행히 저를 믿고 잘 따라와 주었고 팀워크도 대단했습니다. 어떤 프로젝트가 주어지든 마치 한 몸처럼 일사불란하게 움직이면서 목표를 완수했었죠. 위기 상황에서도 마찬가지였어요. 세타엔진의 기술을 벤츠에 이전할 때, 크라이슬러에서 갑자기 세타엔진을 쓰기 곤란하다는 의사를 비친 적이 있었어요.

> 우리 회사에 필요한 엔진은 2,400cc급인데, 세타엔진이 좀 작은 것 같습니다.
>
> 4개월 안에 이렇다 할 대안이 나오지 않으면 아무래도 세타엔진을 쓰기 어려울 것 같습니다.

원래 세타엔진은 배기량 1,800cc, 2,000cc, 2,200cc로 각각 설계했었는데 크라이슬러는 2,400cc 엔진을 요구하면서 넌지시 거절 의사를 밝혔습니다. 당시 크라이슬러 내부에서는 2,400cc급 엔진 개발 계획을 이미 가지고 있어 세타엔진을 거절할 핑계를 댄 것이었죠.

2,200cc를 2,400cc로 늘린다는 것은 단순히 배기량만 늘리는 문제가 아니라 설계도면부터 모든 작업을 새로 시작해야 한다는 것을 의미하는지라 저는 크라이슬러의 요구에 어떻게 대응해야 할지 고민이 깊었어요.
크라이슬러가 노린 것도 바로 그 지점으로 현대가 아무리 엔진 기술이 뛰어나다 해도 4개월 만에 새 엔진을 개발하기는 어려울 거란 판단으로 그런 조건을 내건 것이었죠.

하지만 저는 천성적으로 포기하는 것을 좋아하지 않아 곧바로 엔지니어들을 불러 모아 4개월 동안 크라이슬러가 요구하는 엔진을 만들 수 있는 방법을 찾아보고, 급기야는 4개월 후 우리 팀은 2,400cc급 엔진을 개발해 내어 크라이슬러 측에 우리가 개발한 엔진을 검토하러 오라고 통보를 했습니다.

크라이슬러는 우리 연구소를 방문하는 순간까지도 믿지 않더군요. 기껏해야 도면 몇 장 그려놓고 부르는 것이라고 생각을 했지만, 우리 팀은 4개월 동안 2,400cc급 엔진까지 전부 깎아서 시작품을 내놓았죠. 크라이슬러는 우리 팀의 추진력에 혀를 내두르며 더 이상 핑계를 댈 수 없었고, 결국 크라이슬러 자동차에 세타엔진을 장착하게 되었습니다.

우리 팀의 엔지니어들과 함께 호흡하던 순간 나는 가장 나다운 방식으로 살아가고 있다는 기분을 느꼈다.

누구보다 열정적이고 헌신적인 엔지니어들과 함께 실험실에서 엔진 개발을 몰두하던 그 순간, 돌아보면 그때처럼 신명 나게 일했던 적이 없는 것 같다.

내 평생 가장 아름다운 시절로 기억될 것이다.

제가 현대자동차에 와서 직속상관이나 중역들과 부딪친 이유는 그들과 기술에 대한 견해가 본질에서 달랐기 때문이었죠. 자동차회사에서 기술 독립이 무엇을 의미하는지 분명히 알고 있던 저는 무슨 일이 있어도 기술을 개발해야 한다는 고집이 있었지만, 대부분의 중역들은 우리 기술을 무시하기 일쑤였고, 선진 회사에서 기술을 사 오는 것을 당연하게 여겼었죠.

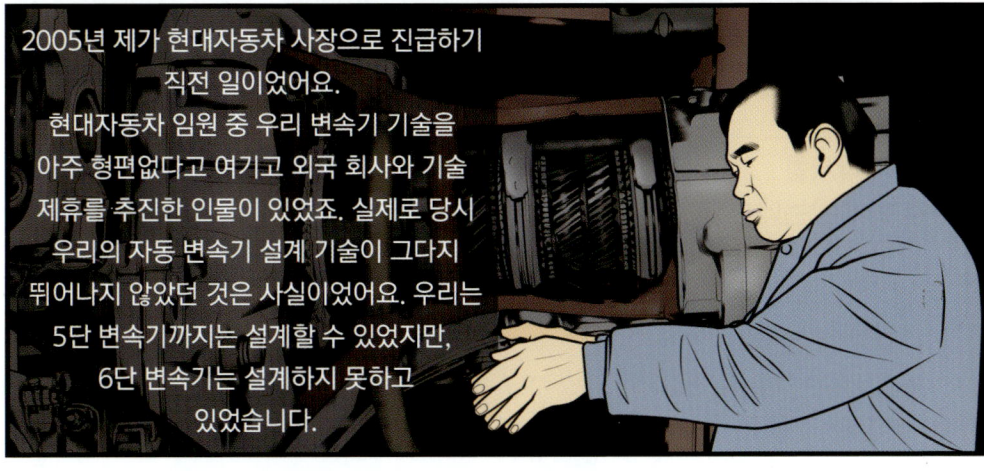

2005년 제가 현대자동차 사장으로 진급하기 직전 일이었어요.
현대자동차 임원 중 우리 변속기 기술을 아주 형편없다고 여기고 외국 회사와 기술 제휴를 추진한 인물이 있었죠. 실제로 당시 우리의 자동 변속기 설계 기술이 그다지 뛰어나지 않았던 것은 사실이었어요. 우리는 5단 변속기까지는 설계할 수 있었지만, 6단 변속기는 설계하지 못하고 있었습니다.

그럴 때 엔지니어는 우리의 기술을 하루빨리 끌어올리는 것을 최우선 과제로 생각하지만, 임원들 중에는 우리의 기술력을 높이는 대신 다른 회사의 기술을 사 오는 것이 낫다고 판단하는 이들이 있었어요.
그래서 독일 ZF사와 기술 제휴를 맺었습니다. ZF는 변속기 분야에서 세계적으로 알아주는 회사였죠.
현대는 ZF와 6단 변속기를 공동 개발하기로 하고 그 대가로 1,500억 원의 기술료를 지불하기로 했습니다.

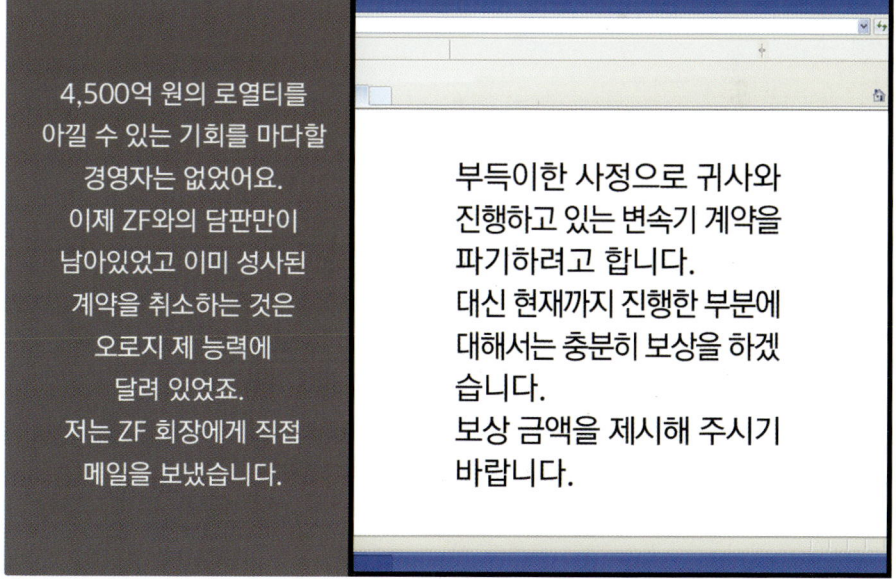

자동 변속기의 콘셉트라는 것은, 결국 기어의 조합에 달려 있었죠. 다양한 방식으로 기어를 배열해 가면서 원하는 스피드를 낼 수 있는 단수를 찾아내는 것이 우리의 과제였습니다. 연구소의 가장 뛰어난 엔지니어 일곱 명이 밤낮으로 실험에 실험을 거듭했어요. 그들은 외출도 못 하고 주말도 반납한 채 연구실에 틀어박혀 기어의 배열을 조합해가며 시뮬레이션을 거듭했습니다. 그렇게 합숙하면서 연구를 계속한 결과, 예상보다 빠른 4개월 만에 우리가 원하는 변속기의 조합을 찾아내 곧바로 정몽구 회장을 찾아갔었죠.

회장님, 답을 찾았습니다.
이제 ZF와 계약을 없던 것으로 해도 되겠습니까?

하하하 하하하하하하~

4,500억 원의 로열티를 아낄 수 있는 기회를 마다할 경영자는 없었어요. 이제 ZF와의 담판만이 남아있었고 이미 성사된 계약을 취소하는 것은 오로지 제 능력에 달려 있었죠. 저는 ZF 회장에게 직접 메일을 보냈습니다.

부득이한 사정으로 귀사와 진행하고 있는 변속기 계약을 파기하려고 합니다.
대신 현재까지 진행한 부분에 대해서는 충분히 보상을 하겠습니다.
보상 금액을 제시해 주시기 바랍니다.

저는 합리적인 선에서 피해 금액을 보상하고 계약을 취소할 생각이었지만, ZF에서 300억 원을 보상 금액으로 요구해왔습니다. 저는 곧바로 답장을 했어요.

보상 금액으로 300억 원을 제시하였는데, 현대자동차를 위해 쓴 금액일 테니 우리는 충분히 보상할 의향이 있습니다.
다만 우리도 이 프로젝트에 300억 원을 투자한 셈이니 그에 해당하는 기술은 우리가 가질 권리가 있다고 생각합니다.
그러니 300억 원에 해당하는 연구 내용과 경비 내역을 보내주시기 바랍니다.

한동안 답장이 없다가 마침내 ZF의 내역서가 도착했는데, 내역서에 기재된 금액은 25억 원이 채 안 되는 금액이었어요. 계약한 지 얼마 되지 않은 시점이었기 때문에 진행한 사항이 별로 없던 것이었죠. 저는 다시 답장을 보냈습니다.

귀사에서 보내온 내역서를 잘 봤습니다.
우리 쪽에서 본의 아니게 계약을 파기하게 됐으니, 충분히 보상해드리겠습니다. 다만 300억 원의 보상 금액은 합리적이지 않은 것으로 판단됩니다.
우리는 제시한 내역서의 총경비 25억 원에 보상금을 포함해 총 40억 원을 보상금으로 지불할 의향이 있습니다.
만약 동의하기 어렵다면 우리도 제시한 금액에 대한 구체적인 실사를 진행할 수밖에 없음을 알려드립니다.

하지만 불합리한 계약을 취소한 것보다 더 의미 있었던 것은 이 프로젝트 덕분에 우리 팀의 변속기 개발 실력이 일취월장했다는 사실이었다. 우리 엔지니어들은 짧은 기간 동안 심도 깊은 연구를 한 덕분에 부족했던 변속기 기술 분야에서도 기술력을 업그레이드할 수 있었다.

4개월여 동안 우리 힘으로 개발한 6속, 8속, 10속 변속기 기술은 국제 특허를 230개나 취득하는 성과를 거뒀다. 무엇보다 우리 엔지니어들이 도전 정신과 열정을 가지고 맡은 목표에 헌신했기에 가능한 일이었다. 선진 회사에 의존하지 않고 기술 독립을 이루겠다는 엔지니어들의 의지와 팀 워크가 있었기에 우리는 위기를 기회로 바꿀 수 있었다.

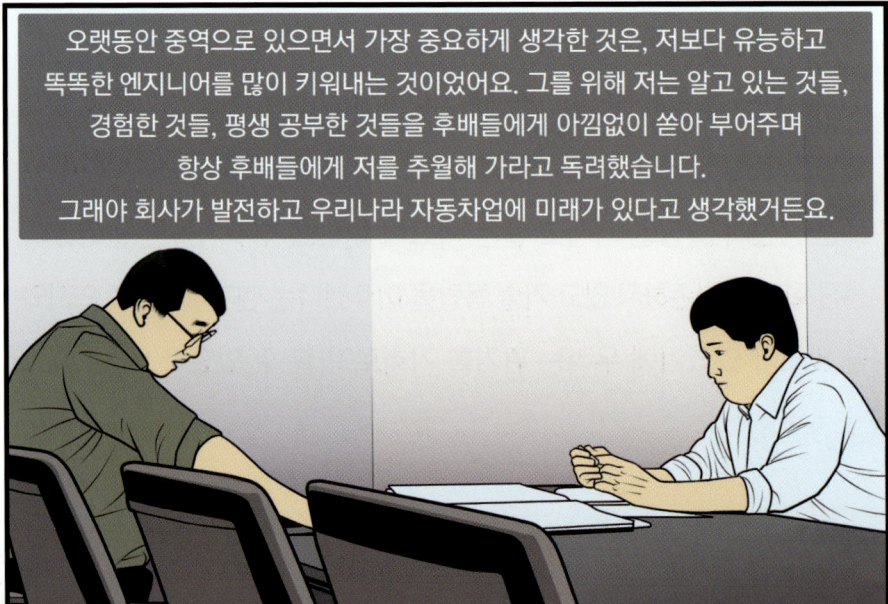

하지만 일에 대한 열정이 없는 직원들에게는 가차 없는 상사로 통했어요.
저는 결제할 때 허투루 넘어가는 법이 없었어요. 부하 직원이 결재를 받으러 오면 저는 꼼꼼하게 서류를 살핀 다음, 의문이 생기는 부분을 그 자리에서 바로 질문했죠.

저의 질문에 곧바로 대답하지 못하고 쩔쩔매는 직원들이 더러 있었어요. 자신이 하는 일을 머릿속으로 완전히 꿰고 있지 못하기 때문이었는데, 그럴 때 저는 대충 넘어가는 법이 없이 직원을 몰아세웠습니다.

이건 좀 이상한데, 왜 이렇게 되는 거지?

어떻게 자기가 맡은 일에 자기 의견이 없을 수 있나?

제대로 연구해서 다시 정확한 논리를 만들어 오게.

한번은 그렇게 돌려보낸 중역이 다음번에 제게 보고하러 올 때, 팀원들을 줄줄이 데리고 온 적이 있었어요. 정곡을 찌르는 저의 질문에 스스로 대답하지 못할 것 같으니 부장, 차장 심지어 대리까지 모두 데리고 온 것이었죠.

자네가 직접 공부해서 머릿속으로 정리를 해와야지. 팀원들을 다 데리고 오면 쓰나.

그건 내가 원하는 게 아닐세. 나는 자네 의견을 듣고 싶은 거지 다른 사람의 의견을 듣고 싶은 게 아니야.

그러니 제발 공부 좀 하게. 계속 이런 식이면 내가 자네 인사고과에서 좋은 점수를 줄 수 있겠나?

연말 인사고과에 반영된다는 것은, 직장인에게 가장 무서운 말입니다.
인사고과가 좋지 않으면 제때 승진할 수 없으므로 부하 직원들은 생존을
위해서라도 죽기 살기로 공부해야 했습니다.
저는 그런 식으로 직원들이 스스로 공부하지 않을 수 없는 분위기를 만들었어요.
그렇게 실력이 쌓이면 결국 자기 자신에게 도움이 되고,
저절로 회사도 발전합니다.

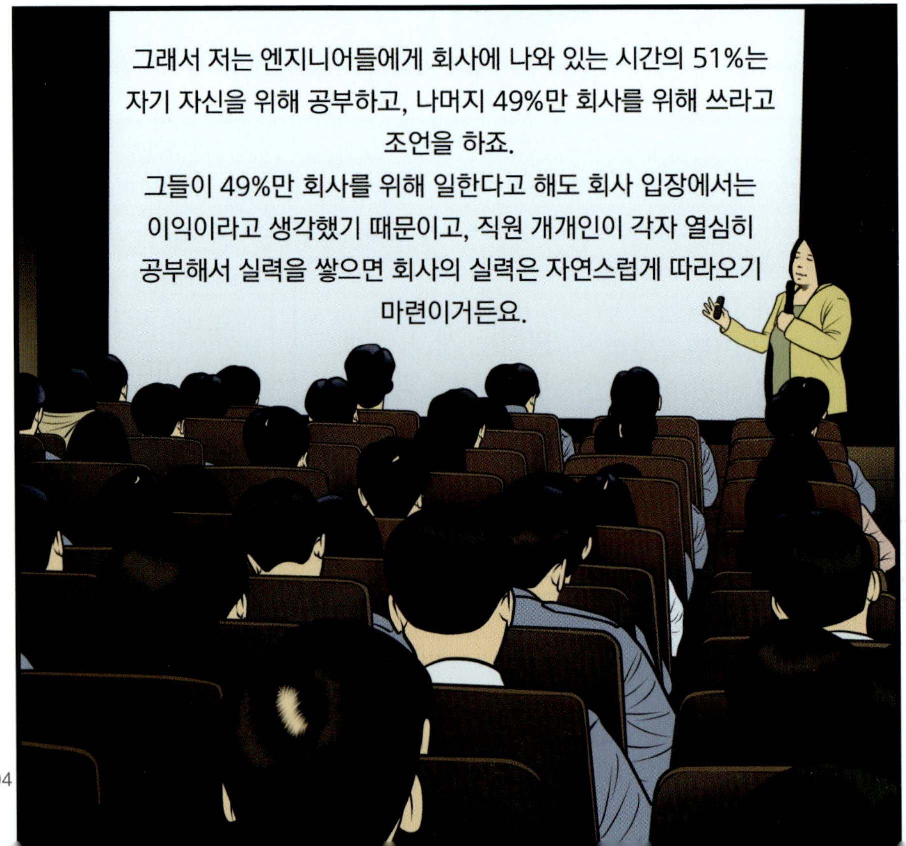

그래서 저는 엔지니어들에게 회사에 나와 있는 시간의 51%는
자기 자신을 위해 공부하고, 나머지 49%만 회사를 위해 쓰라고
조언을 하죠.
그들이 49%만 회사를 위해 일한다고 해도 회사 입장에서는
이익이라고 생각했기 때문이고, 직원 개개인이 각자 열심히
공부해서 실력을 쌓으면 회사의 실력은 자연스럽게 따라오기
마련이거든요.

어떤 조직이든 후배가 선배보다 나아야 발전하는 조직이 될 수 있다. 그러려면 구성원들이 가지고 있는 정보를 서로 공유해야 한다. 하나의 정보가 여러 사람의 손을 거쳐 재가공될 때 정보의 질이 높아지고 실력이 쌓인다.

그래서 나는 정보를 책상 속에 꽁꽁 숨겨두고 혼자만 보는 직원을 가만두지 않았다. 정보는 자유롭게 흘러 다녀야 한다고 믿었기 때문이다.

내가 가진 선진 기술을 먼저 내놓고, 구성원 각자가 가진 정보를 공유할 수 있는 시스템이었기에 현대자동차는 짧은 시간 동안 비약적인 성장을 거듭할 수 있었다. 지금 현대자동차를 이끄는 많은 임직원들이 예전에 연구소에서 같이 일하던 후배들이라는 사실은, 내가 가진 자부심 중의 하나다.

업무 보고를 받을 때는 깐깐하기 이를 데 없는 상사였지만, 그렇다고 제가 매사에 상하관계가 엄격한 사람은 아니었어요. 저는 부하 직원들과 어울리는 것을 무척 좋아했었죠. 시간이 날 때마다 등산을 같이 가고, 점심시간에 짬을 내서 운동도 같이 하고, 저를 믿고 따라와 준 직원들을 가족처럼 믿고 사랑했습니다.

현대자동차는 수요일 오후 다섯 시가 되면 하던 일을 모두 멈추었어요. 그날은 다섯 시 이후에 일을 하지 못하도록 사내 규칙으로 정해져 있었어요. 실험실에 틀어박혀 있던 엔지니어들도 그날만큼은 하던 일을 모두 멈추고 휴식을 취합니다. 저는 그 시간에 연구소 엔지니어들을 만나는 것을 좋아했어요.

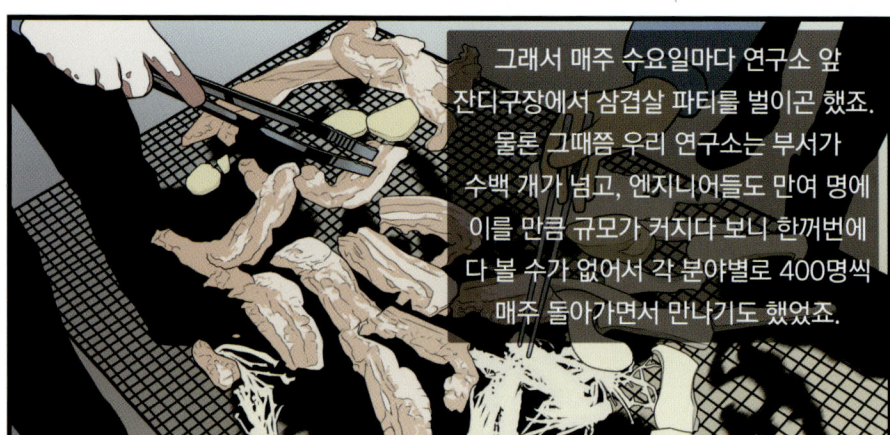

그래서 매주 수요일마다 연구소 앞 잔디구장에서 삼겹살 파티를 벌이곤 했죠. 물론 그때쯤 우리 연구소는 부서가 수백 개가 넘고, 엔지니어들도 만여 명에 이를 만큼 규모가 커지다 보니 한꺼번에 다 볼 수가 없어서 각 분야별로 400명씩 매주 돌아가면서 만나기도 했었죠.

우리 연구소에는 연구직뿐 아니라 생산직 직원도 천여 명 정도 있었는데, 저는 그들과도 돈독한 관계를 유지했어요. 생산직 직원들은 조금 짓궂은 구석이 있는데, 한번은 그들의 사기를 북돋워주려고 주말에 바비큐 파티도 열었었죠. 연구소 내에는 야외 수영장도 있었는데, 수심이 꽤 깊은 편이었어요. 한창 흥이 오르자 그들은 저를 붙잡더니 2m가 넘는 수영장에 던져버렸습니다. 그때가 9월 중순쯤이어서 물이 꽤 차가웠는데, 제가 허우적거리면서 빠져나오자 그들은 뭐가 그리 좋은지 박장대소를 하더라고요.

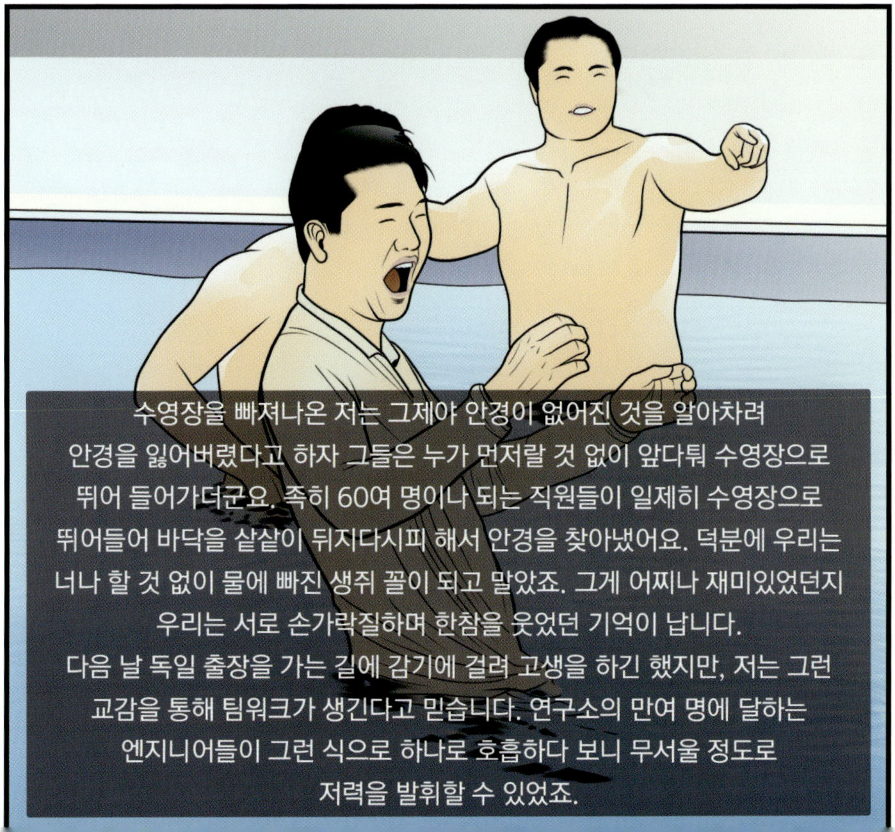

수영장을 빠져나온 저는 그제야 안경이 없어진 것을 알아차려 안경을 잃어버렸다고 하자 그들은 누가 먼저랄 것 없이 앞다퉈 수영장으로 뛰어 들어가더군요. 족히 60여 명이나 되는 직원들이 일제히 수영장으로 뛰어들어 바닥을 샅샅이 뒤지다시피 해서 안경을 찾아냈어요. 덕분에 우리는 너나 할 것 없이 물에 빠진 생쥐 꼴이 되고 말았죠. 그게 어찌나 재미있었던지 우리는 서로 손가락질하며 한참을 웃었던 기억이 납니다.
다음 날 독일 출장을 가는 길에 감기에 걸려 고생을 하긴 했지만, 저는 그런 교감을 통해 팀워크가 생긴다고 믿습니다. 연구소의 만여 명에 달하는 엔지니어들이 그런 식으로 하나로 호흡하다 보니 무서울 정도로 저력을 발휘할 수 있었죠.

요즘 소통에 대해 많이들 얘기하는데, 나는 소통이 특별한 게 아니라고 생각한다.

서로 얼굴을 마주 보고 스스럼없이 얘기할 수 있는 분위기를 만드는 것, 그런 과정에서 믿고 의지할 수 있는 신뢰를 쌓아가는 것, 그게 소통이 아닐까. 그런 노력 덕분에 부하 직원들은 한편으로는 나를 무서워하면서도 늘 믿고 따라줬다.

현대자동차를 퇴임한 지금도 그때 같이 일했던 직원들과 연락하고 만날 수 있는 것은 내가 그들을 가족처럼, 친구처럼 스스럼없이 대했기 때문이다.

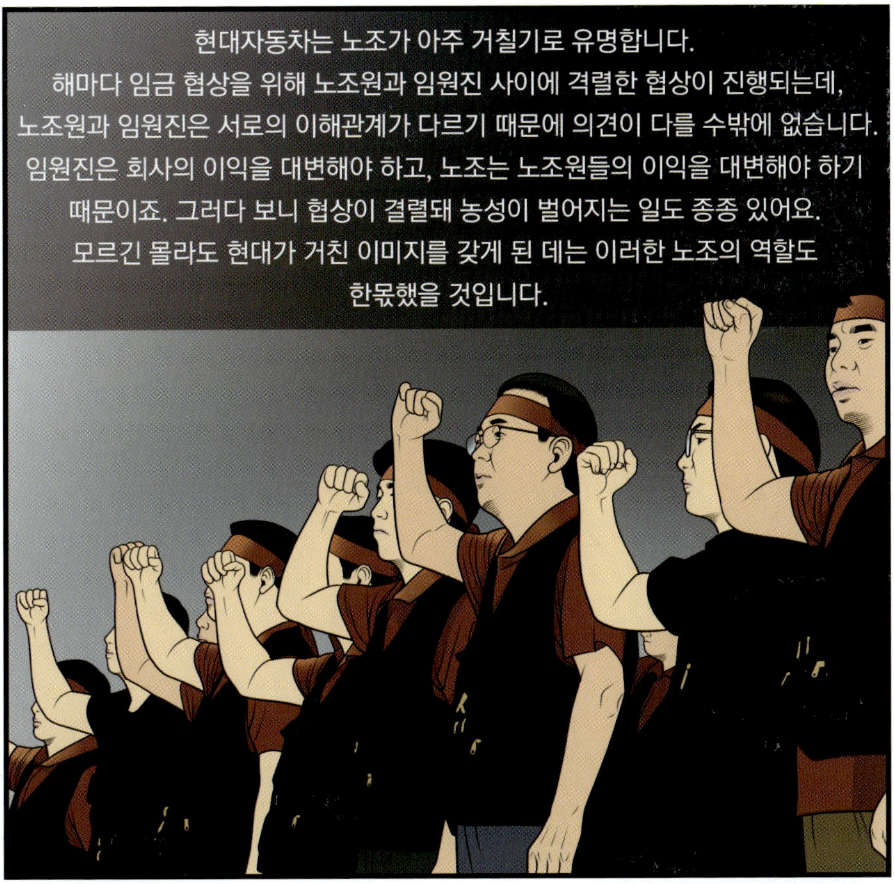

현대자동차는 노조가 아주 거칠기로 유명합니다.
해마다 임금 협상을 위해 노조원과 임원진 사이에 격렬한 협상이 진행되는데,
노조원과 임원진은 서로의 이해관계가 다르기 때문에 의견이 다를 수밖에 없습니다.
임원진은 회사의 이익을 대변해야 하고, 노조는 노조원들의 이익을 대변해야 하기
때문이죠. 그러다 보니 협상이 결렬돼 농성이 벌어지는 일도 종종 있어요.
모르긴 몰라도 현대가 거친 이미지를 갖게 된 데는 이러한 노조의 역할도
한몫했을 것입니다.

저는 그런 노조와도 스스럼없이 지내는
몇 안 되는 중역이었어요.
1997년에 마북리 연구소에서 울산의 차량
연구소장으로 발령 났을 때의 일입니다.
당시에는 마북리 연구소의 엔진 개발이
이미 상당 수준에 올라 있었기 때문에 차량
기술 보완을 위해 울산의 차량연구소로
발령이 났었죠.

사연을 들어 보니 울산공장 노조원 하나가 백혈병에 걸렸다는 것이었어요. 노동운동을 아주 과격하게 하던 친구라 저도 익히 아는 사람이었죠. 그 친구가 백혈병에 걸려 3개월째 병원에 입원해 있는데 도통 차도가 없다는 것이었어요.

"의사가 그러는데, 가망이 없답니다. 이제 스물아홉밖에 안 된 녀석인데, 저대로 죽게 내버려 둘 수 없어서 지푸라기라도 잡는 심정으로 전화드렸습니다."

"상무님, 꼭 좀 도와주십시오."

"내 동생이 의사긴 한데, 외과 의사라 백혈병에는 별 도움이 안 될 거야."

"대신 내가 한번 알아볼 테니 조금만 기다리게."

저는 전화를 끊고 나서 바로 아산병원 혈액 내과에 전화를 걸었습니다. 고등학교 동창이 거기서 과장으로 근무하고 있었거든요. 사정을 듣고 나서 동창은 아무래도 어렵겠다고 하더라고요. 저는 그대로 물러설 수 없어 간곡하게 다시 물었어요.

"진짜로, 전혀 방법이 없나?"

"방법이 하나 있긴 한데…"

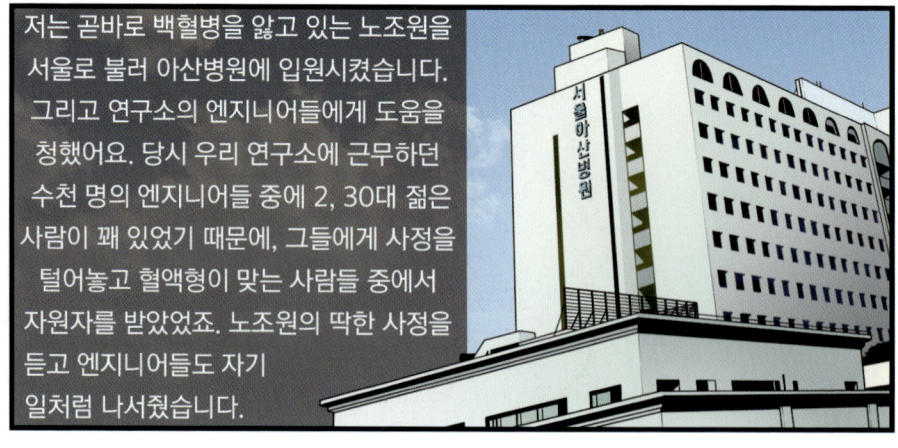

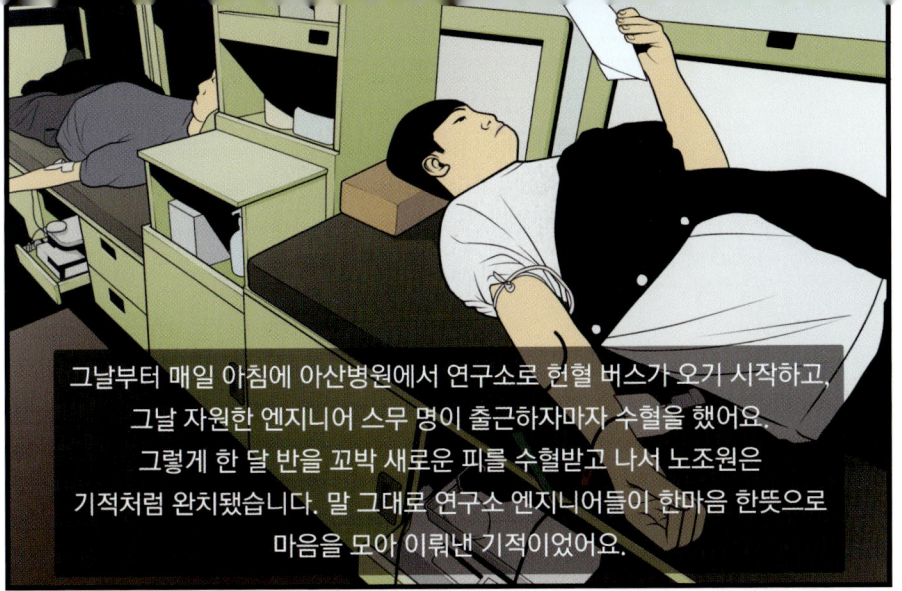

그날부터 매일 아침에 아산병원에서 연구소로 헌혈 버스가 오기 시작하고, 그날 자원한 엔지니어 스무 명이 출근하자마자 수혈을 했어요. 그렇게 한 달 반을 꼬박 새로운 피를 수혈받고 나서 노조원은 기적처럼 완치됐습니다. 말 그대로 연구소 엔지니어들이 한마음 한뜻으로 마음을 모아 이뤄낸 기적이었어요.

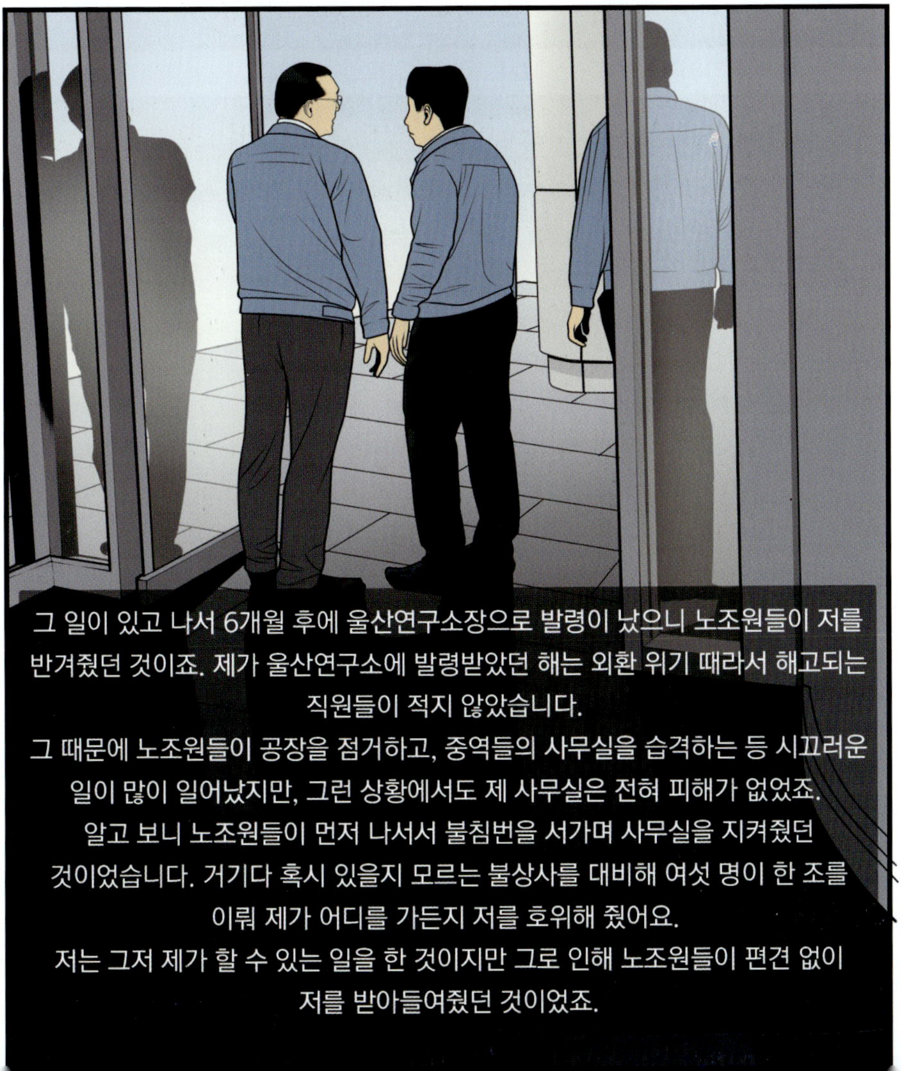

그 일이 있고 나서 6개월 후에 울산연구소장으로 발령이 났으니 노조원들이 저를 반겨줬던 것이죠. 제가 울산연구소에 발령받았던 해는 외환 위기 때라서 해고되는 직원들이 적지 않습니다.
그 때문에 노조원들이 공장을 점거하고, 중역들의 사무실을 습격하는 등 시끄러운 일이 많이 일어났지만, 그런 상황에서도 제 사무실은 전혀 피해가 없었죠. 알고 보니 노조원들이 먼저 나서서 불침번을 서가며 사무실을 지켜줬던 것이었습니다. 거기다 혹시 있을지 모르는 불상사를 대비해 여섯 명이 한 조를 이뤄 제가 어디를 가든지 저를 호위해 줬어요.
저는 그저 제가 할 수 있는 일을 한 것이지만 그로 인해 노조원들이 편견 없이 저를 받아들여줬던 것이었죠.

2011년 저는 두산으로 자리를 옮겼었죠. 두산에서는 두산인프라코어, 두산중공업, 두산전자, 두산엔진 등 두산그룹의 기술 분야 자회사들의 기술을 총괄하고 있습니다. 현대자동차에 있을 때는 엔진설계부터 신차 개발에 이르기까지 모든 실무를 총괄했다면 두산에서는 그룹 전체의 방향성을 조망하면서 기술 분야에 필요한 시스템을 구축하는 일을 하고 있습니다.

두산은 우리나라에서 가장 오래된 회사입니다. 자그마치 118년의 역사를 지니고 있어요. 하지만 대부분의 기간을 소비재 분야에 주력하다 최근에 와서 중공업 발전 설비 등 기술집약적 산업으로 방향을 전환했었죠. 그러다 보니 주력 분야의 기술력이 상대적으로 아직도 약한 부분이 있어, 저는 두산의 기술력을 보완하기 위해 부임하자마자 종합연구소 설립을 추진하는 등 회사 시스템을 보완하고 있습니다.
현대에서도 그랬지만 두산에 와서는 더더욱 회사의 미래가 기술에 달려 있다는 사실을 절감하고 있어요. 기업이 성공하려면 무엇보다 신기술을 응용한 신제품을 만들어 경쟁력을 확보해야 합니다. 제가 현대자동차를 세계적인 기업으로 성장시키는 데 기여했다고 해서 두산에서의 성공을 보장할 수는 없어요.
다만 그동안 쌓아온 엔지니어의 안목으로 미래를 준비할 뿐입니다.

저는 두산그룹의 25층 사무실에서 미래에 경쟁력을 확보할 수 있는 신기술이 무엇인지, 어떤 기술이 가장 파급 효과가 클지를 시뮬레이션하곤 하죠. 그런 예측이 적중하면 회사가 발전할 것이고, 그렇지 못하면 미래를 장담하기 어려워집니다.

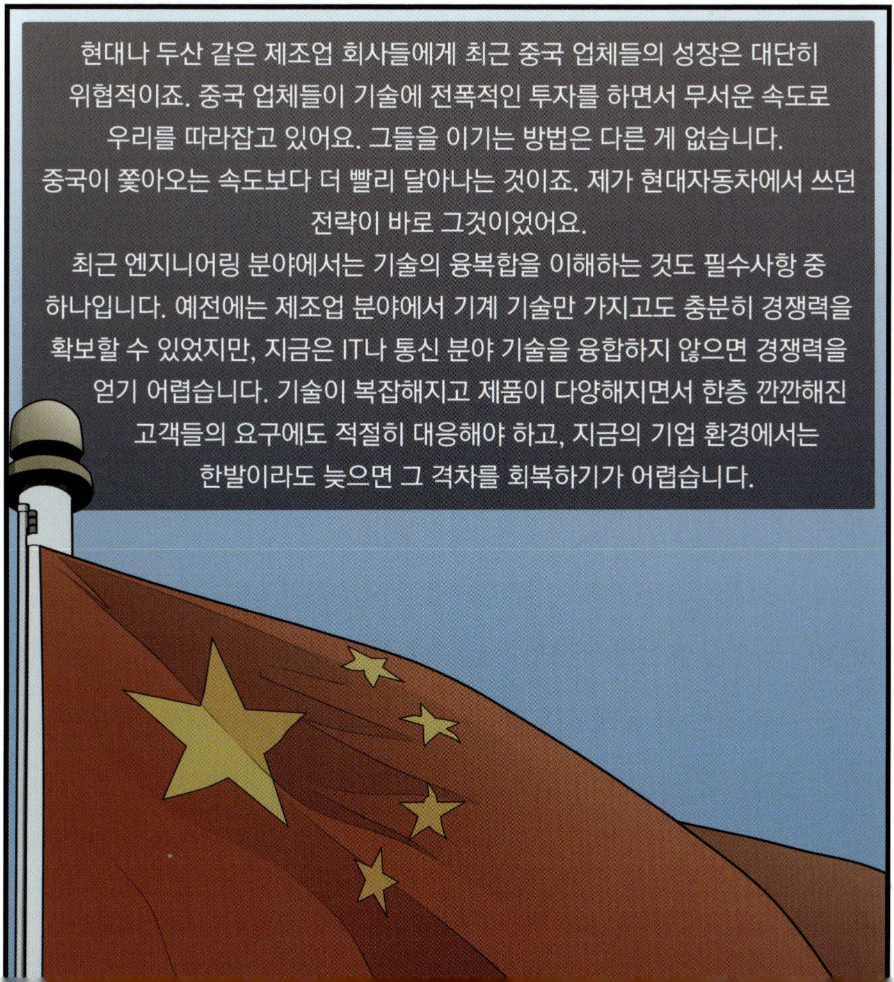

현대나 두산 같은 제조업 회사들에게 최근 중국 업체들의 성장은 대단히 위협적이죠. 중국 업체들이 기술에 전폭적인 투자를 하면서 무서운 속도로 우리를 따라잡고 있어요. 그들을 이기는 방법은 다른 게 없습니다. 중국이 쫓아오는 속도보다 더 빨리 달아나는 것이죠. 제가 현대자동차에서 쓰던 전략이 바로 그것이었어요.
최근 엔지니어링 분야에서는 기술의 융복합을 이해하는 것도 필수사항 중 하나입니다. 예전에는 제조업 분야에서 기계 기술만 가지고도 충분히 경쟁력을 확보할 수 있었지만, 지금은 IT나 통신 분야 기술을 융합하지 않으면 경쟁력을 얻기 어렵습니다. 기술이 복잡해지고 제품이 다양해지면서 한층 깐깐해진 고객들의 요구에도 적절히 대응해야 하고, 지금의 기업 환경에서는 한발이라도 늦으면 그 격차를 회복하기가 어렵습니다.

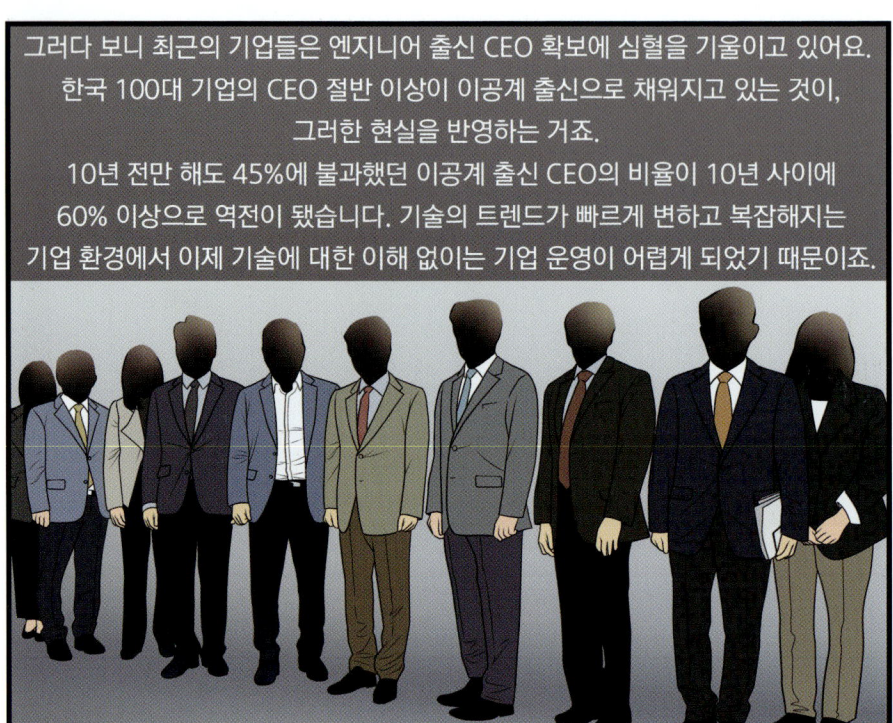

과거 우리 세대의 엔지니어들에게 최우선 과제는 선진 기술을 가급적 빨리 따라잡는 것이었다. 하지만 기술의 세계에서 절대 강자란 없다. 우리가 선진 기술을 따라잡았듯이 무서운 기세로 우리를 따라오는 경쟁 업체들이 존재한다.

다음 세대 엔지니어들은 그들에게 따라잡히지 않고 기술을 선도하면서 창의적인 발상으로 새로운 시장을 창출해야 할 것이다.

이제는 엔지니어들도 자기 분야에서만 전문가로 남아서는 곤란하다. 연계된 기술을 이해해야 하고, 기술의 폭도 그만큼 넓혀야 한다. 달라진 기업 환경에 발 빠르게 대응할 수 있는 판단력과 미래 기술 예측력을 가진 엔지니어들만이 미래사회를 주도할 수 있을 것이다.

멋진 강연을 끝으로
이현순 선생님과의 첫 만남은
이렇게 끝맺음을 지었다.

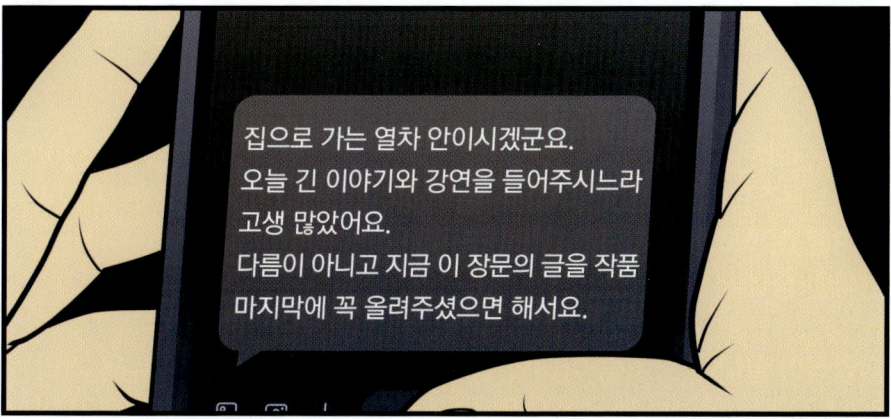

2011년 5월,
저는 뉴욕주립대학교 졸업식장에 서 있었습니다.
제 앞에는 이제 막 사회에 첫발을 내딛는 3,400여 명의
졸업생들과 6,000명의 학부모가 앉아 있었죠.
졸업생들의 얼굴에는 미래에 대한 기대와 젊은이 특유의
생기가 넘쳤습니다. 그들의 면면을 바라보고 있자니, 38년 전
젊은 시절로 되돌아간 기분이었어요.
선진국의 엔진 기술을 배우겠다고 무작정 유학길에 올랐던
이십 대 시절로 말입니다. 처음 이 교정으로 들어서던 그날이
어제처럼 선명했어요.

저는 졸업생들에게 들려주기 위해 몇 번이나 고쳐 쓰고 다듬었던 연설문을 머릿속으로 되뇌어봤는데, 그들에게 제가 해주고 싶은 말은 단 하나였습니다.

"최고를 향해 도전하라!"

저는 이제 막 사회에 첫발을 내딛는 젊은이들에게 힘줘 말했습니다.

"지금 이 시대는 과거 어느 때보다 물질적인 가치를 추구하고 있습니다. 누구나 검증된 기회를 잡으려고 하고, 안정된 직장을 원하지요. 안타깝게도 새로운 기회에 도전하려는 인재는 드뭅니다.
하지만 나는 이런 시대일수록 도전하는 인재가 진가를 발휘한다고 믿습니다. 30년 전 내가 많은 사람들의 반대를 무릅쓰고 독자 엔진을 개발했던 것처럼 말이지요."

7분 동안의 연설이 끝났을 때 졸업생들은 우레와 같은 박수로 화답을 해줬었어요. 그날 뉴욕주립대학교는 엔지니어로서의 공로를 인정해 저에게 명예박사학위를 수여했고, 석좌교수의 영예까지 안겨줬습니다.
한국인 중에서는 처음 있는 일이었었죠.

졸업식이 끝나고 모처럼 아내와 함께 뉴욕 거리를 걸었어요. 뉴욕 거리는 38년 전과는 몰라보게 달라져 있었습니다. 그 거리에서 현대 로고가 박힌 자동차를 발견하는 것은 어려운 일이 아니었습니다.
그만큼 우리나라 자동차 브랜드의 위상이 높아졌다는 의미일 것입니다. 그 사실에 새삼 가슴이 뜨거워졌어요. 제가 했던 도전들이 결코 헛된 것이 아니었음을 인정받는 기분이었죠.

그 무렵 저는 전 세계 자동차 업계에서 가장 영향력 있는 인물 16위에 올라 있었습니다. 물론 혼자만의 노력으로 이룬 성과는 절대 아니에요. 함께 구슬땀을 흘렸던 엔지니어들의 노고가 없었다면 불가능했을 일입니다.

그간 한국의 1세대 엔지니어들이 일궈 성과는 실로 눈부시죠.

자동차산업만 해도 100년이나 늦게 출발했지만, 세계 5위의 자동차 생산국이 되었으니까요. 그래서인지 요즘은 해외에서도 자동차나 반도체 신화를 일군 우리나라 엔지니어들을 높게 평가하는 편입니다.

실제로 세계 자동차 업계에서 독자 브랜드를 가지고 세계시장에서 경쟁하고 있는 나라는 미국, 일본, 한국, 독일, 프랑스, 이탈리아 이렇게 여섯 나라뿐입니다. 우리나라를 제외한 다른 나라들은 제2차 세계대전 때 비행기를 만들던 나라들이죠. 당연히 엔진 기술이 뛰어날 수밖에 없었어요. 반면 한국은 제2차 세계대전 때 비행기는커녕 자동차도 구경하기 어려운 나라였었죠. 그런 나라가 이렇게 빠른 시간 동안 세계적인 기술력을 갖추었으니 놀랄 만도 한 일입니다.
그래서인지 외국 엔지니어들은 도대체 우리나라 엔지니어들이 어떤 사람들이기에 무에서 유를 창조하는 성공 신화를 일굴 수 있었는지 궁금해하는 거죠.

언젠가 1세대 엔지니어들과 이것에 관해서 이야기를 나눈 적이 있었지만, 우리가 내린 결론은 우리나라 엔지니어들이 특별히 잘나고 똑똑해서 그런 성과를 거둔 것이 아니라는 사실입니다.
저 역시 도요타나 혼다의 엔지니어보다 엔진설계 경험이 많고, 똑똑해서 독자 엔진을 개발할 수 있었다고 생각하지는 않아요. 그저 실패를 두려워하지 않고 끊임없이 도전한 것, 한두 번의 실패에 좌절하지 않고 끈기 있게 밀어붙인 것, 거기에 기업 경영자의 강력한 지원이 뒷받침됐기에 성공을 거둘 수 있었다고 생각합니다.

저는 미래의 스티브 잡스, 빌 게이츠를 꿈꾸는 이들에게 이 말을 들려주고 싶어요.

"판사는 평생 수십 명의 생사를 좌우하고, 의사는 수천 명의 생사를 좌우하지만, 엔지니어는 수억 명의 삶을 좌우한다."

한 사람의 멋진 상상이 제품으로 만들어질 때 그 제품은 시장에 나가 백 배, 천 배의 영향력을 발휘합니다.

그로 인해 우리는 상상할 수도 없었던 편리하고 풍요로운 삶을 누릴 수 있어요. 스티브 잡스가 스마트폰을 내놓기 전에는 전혀 상상할 수 없었던 세상을 지금 우리가 살아가고 있는 것처럼 말입니다.

물론 미래의 엔지니어들이 처한 환경은 우리 1세대 엔지니어들이 겪었던 것과는 사뭇 다를 것입니다. 우리 세대는 선진국의 앞선 기술력을 최대한 빨리 따라잡는 것이 목표였었죠. 적어도 가야 할 목표가 분명했어요.

하지만 미래의 엔지니어들은 다릅니다.
그들은 누구도 예상하지 못한 새로운 방식으로 세상을 이끌어가야 하는 거죠. 그러기 위해서는 갈수록 빨라지는 기술 변화를 따라잡아야 할 것입니다. 다양한 기술의 융복합도 이해해야 할 것이고, 무엇보다 창의적인 사고를 바탕으로 이제까지 없었던 새로운 시장을 개척해야 할 것입니다.

그럼에도 불구하고 저는 우리 젊은이들이 이왕이면 큰 꿈을 가지고 겁 없이 도전하기를 바랍니다.

부디 세상에 주눅 들지 않고, 패기 있게 자신의 가능성을 시험해 보기를 바라며, 엔지니어의 길을 먼저 걸었던 한 사람으로서 무한한 가능성이 펼쳐져 있는 여러분의 미래를 진심으로 응원합니다.

이현순 선생님

선생님은 최고 중의 최고입니다.
The best of the best.